起業を成功に導く執念の思考

大島正人
OSHIMA MASATO

幻冬舎 MC

起業を成功に導く
執念の思考

はじめに

今、起業して成功をつかみたいと考える人が増えています。

東京商工リサーチの調査によると、2021年に全国で新たに設立された法人の数は14万4622社と前年度より10％以上増加し、過去最高の件数です。2022年も14万2189社で、わずかに減ったものの過去2番目の件数となりました。

起業を志す人が増えていることは大いに歓迎すべきことですが、当然ながら起業はゴールではなく、その後も5年、10年と存続していける会社に育てていかなければなりません。しかし、実際には起業して5年後の生存率は15％、10年だと6・3％ともいわれ、ほとんどの会社は生き残れないという厳しい現実があります。

かくいう私も、今でこそ年商160億円の総合美容メーカーの会長を経て上場企業の代表取締役社長という立場になりましたが、実はこれまでに4度も起業しており、どれも大成功とはいえない状態で終わっています。「起業の才能」というものがあるとするなら、私にはその才能はないと断言できます。

それでも57歳からの5度目の挑戦で事業を軌道に乗せて、脱毛・美容業界ともにトップという地位を築けたことには理由があります。

会社を成長させ、起業を成功に導くうえで最も重要なこと――。

それは〝執念〟です。

うまくいくまでやる。絶対に諦めない。

そう決めて挑めば、あらゆる経験は未来のための投資となります。また、チャレンジした数だけ実力がついていき成功の可能性が上がっていきます。

実際に私は諦めなかったことであらゆる経験が血肉となりました。他者からすれば失敗に見えることでも、私にとっては改善点を理解して次のチャレンジへと進むためのステップだったのです。

その意味で、私は失敗や挫折をしたとは思っていません。ただ成功に必要な経験を積み上げていっただけなのです。

しかし、私の周囲の起業を志す若者たちを見ていると、一度や二度、壁に当たっただけで早々に「自分には才能がない」と諦めてしまう人が多いように思います。起業は人生を懸けた挑戦ですから、それがうまくいかなかったなら相当のショックを受けるのは理解できますが、それで諦めてしまうのであればそれまでの話です。才能も、人脈も、運も、関係ありません。

成功するまでやめないという執念を持って試行錯誤を繰り返せば、誰であっても起業を成功させられるというのが私の結論です。

とはいえ何も、あらゆる人が私のように試行錯誤する必要はありません。

私自身も「もっと早くに知りたかった」「あのとき分かっていれば未来は変わった」と感じたような、起業や経営で求められる本質的なエッセンスは、できる限り早く身につけておくに越したことはありません。

本書では、私が経験した5度の起業を通じて導きだした、事業を立ち上げる際のポイント、アイデア出しのコツ、お金の回し方、経営者に求められるリーダーシップなど、起業を成功に導くための具体的なノウハウを解説しています。そして、その後5年、10年と生き残り、成長を続けるために必要なことについても出し惜しみすることなくつづっています。

この本が、これから起業を考えている人や、起業後に経営の壁に当たっている人の元へと届き、前へと進む原動力となったなら、それ以上の喜びはありません。

目次

第2章【アイデア】他人よりも常に一歩先の未来を予測する 時代の流れに乗らない逆張り思考で ブルーオーシャンを見つけ出す

第3章【キャッシュ】金が欲しいから起業するのは大いに結構 いっときの金儲けで終わるか、稼ぎ続けられるかは金への向き合い方で決まる

第4章【リーダーシップ】起業家は社会に必要とされ続けなければならない 顧客の課題を解決し、他者のために尽くせる リーダーだけが成功をつかむ

第5章 起業で成功したければ、人生のすべてを捧げる執念を持て！

序章

起業して10年で1割しか生き残れない……ベンチャーが成功するために必要なのは「執念の思考」

日本に不足している起業家教育

日本では近年、起業を志す人が増えつつありますが、実は世界的に見るとその数はまだまだ少ないものです。

経済産業省の委託を受け、みずほ情報総研株式会社（現・みずほリサーチ&テクノロジーズ）が2019年に実施した、「グローバル・アントレプレナーシップ・モニター（GEM）」という調査があります。この調査の重要な目的の一つは、各国の起業活動の水準を比較するための信頼できる指標を作成することでした。そこで各国の起業活動の活発さを表す指標として「総合起業活動指数（TEA）」という尺度が設けられています。

TEAは起業に対するモチベーションや、なんらかのアクションを取っているかという複数の質問への回答に基づいて起業活動を行っている人を割り出し、その数が成人人口に占める割合を示すものです。この調査によると、アメリカのTEAは17・4%であるのに対し、日本は5・4%にとどまっており、先進国の中でも低い数値となっています。

なぜこのような状況となっているのか、その背景にはさまざまな社会的要因があると考えられますが、私が最も問題視しているのは、日本には起業家を生むような教育の土壌が整っていないということです。

例えば、アメリカでは、小学校のうちから起業家に必要な精神や能力を育む「アントレプレナーシップ教育」が多くの学校で導入されています。大学では「Entrepreneurship Classes（起業科）」という専門コースがあり、ビジネスプランの構築、マーケティング戦略の開発、財務管理など、起業家に求められるスキルセットを学ぶことができます。また、地域社会や非営利団体が主催する若者向けの起業プログラムもあり、実際のビジネスプロジェクトに取り組む経験が得られるなど、起業家を育む土壌がある程度整っています。

しかし日本では、こうした取り組みを行っている学校や教育団体はまだまだ多くないと感じます。一般的に日本において起業は「リスクの高いギャンブル」というイメージが強いように思います。さらに若者がその実像について知る場や、起業家精神を身につける機会も限られているとなると、起業が将来の選択肢の一つに入るのは難しく、起業家の数が増えていくはずはありません。

また、社会人になっても、起業について実践的に学ぶ環境が十分にあるとはいえません。経済産業省が起業に関心がある社会人に対して「日本の起業家教育は十分に行われているか」を聞いたところ、60％以上が「不十分」または「やや不十分」と答えたという調査からも、それが垣間見えます。

起業を志した際、ビジネススクールで経営学を学べばいいと考える人も多くいます。確かに経営学の知識は起業にあたっても有益ですが、それだけで起業を成功に導けるのであれば、私が新たに本書を執筆する必要はなかったわけです。

起業し、末永く事業を続けていくには、創造性や柔軟性、問題解決能力、市場の変化を見極める能力など、経営学の範疇にない、いくつもの能力が求められます。

個人的な体験からいっても、最初に事業を起こすときにはすべてをゼロから独学で身につけていかねばならず、とにかく書店を回って経営に関する本を買い集めました。それで確かに知識は身につきましたが、その後、4度もうまくいかなかったというのが現実をよく表していると思います。

やはり実際に経験を重ねる中でしか養えぬ能力が多くあり、それらをある程度身につけるためにも、アメリカの地域社会や非営利団体が主催する起業プログラムのような実践的な教育制度が日本にも必要です。逆にいうなら、そうして起業の実態に触れる機会がほとんどないというのが、日本で起業家を志す人が世界に比べ少ないという大きな理由の一つといえます。

日本では、政府がスタートアップ支援として２０２２年度に1兆円規模の予算を組み、「国内で有望なユニコーン企業を１００社、スタートアップ10万社創出」という目標が掲げられています。しかしただ起業を志す人に対し補助金をばらまくだけでは、おそらく効果は期待できません。起業家教育の普及や、学校と産業界の連携を通じた教育の質の向上への投資・支援が求められると私は考えています。

失敗が許容されづらい日本社会

起業を妨げていると考えられる社会的な要因としては、日本社会が「失敗に厳しい」という現実があります。例えば、経営不振によって会社を倒産させた経営者に対しては、社会的な非難が強まります。社会的信用も大きく損なわれ、金融機関、投資家、取引先などから信頼を取り戻すのが難しいため、新たな事業を始めたくても資金調達や取引先の獲得が難しくなります。また法的にも日本の経営者は一度の失敗で人生が暗礁に乗り上げるリスクが非常に高いといえます。一般的に、零細、中小規模の会社が融資によって資金を調達する場合、代表取締役が連帯保証人となります。つまり、会社が破産手続きを余儀なくされる場合、経営者が会社の借金を背負うことになるのです。この事態を避けるために、ほとんどのケースで、会社の破産手続きと同時に経営者自身の破産手続きも行うことになります。そうなると、経営者の個人信用情報に金融事故を起こしたことが記載されますので、新たにお金を借りることができなくなります。

アメリカと比較すると、まずアメリカでは失敗を経験した経営者が新たな挑戦を行うのを歓迎する文化があります。特にシリコンバレーなどの技術系産業では、失敗から学び、次のビジネスに活かすのは特別なことではなく、実際にそうして再起した経営者が成功を収めるケースもよくみかけます。

アメリカ社会では会社の倒産を「失敗」というよりも「経験」ととらえる傾向が強く、そのせいか、日本のように会社を潰したからとたたかれ、社会的プレッシャーを受け続けるようなことはあまり起きません。金融機関や取引先も、会社を倒産させた経験を一つのキャリアととらえ、その失敗から学んだことでより成功の確率が上がるだろうと、むしろ会社を倒産させた経験を持つ経営者に対し積極的に支援をすることがあります。加えて法律面でも、アメリカの破産法は日本と異なり、一部の破産手続きでは、経営者の個人資産が保護される可能性があります。このような社会的風潮の差も、アメリカに比べ日本で起業を志す人の割合が少ない大きな理由といえます。

これまでの終身雇用制度の中では、雇用側は一度雇った社員の面倒を一生見るという前提ですから、そう簡単には解雇できません。社員の誰かが大きなミスをして会社が損害を受けても、その人を組織から切り離せないわけです。したがって大企業などでは、リスクを取って新たなチャレンジを繰り返す社員より、失敗せず安定して成果を出せる社員を評価する傾向があったように感じます。社員の側も、会社から評価されるためには、自らが前例のないチャレンジをした結果、共同体に不利益をもたらすような行動は避けねばなりません。そのような価値観の中に入れば、逆に失敗するリスクを取って前例のないことに挑戦する同僚を、批判的な目で見るようになるのは容易に想像できます。そして挑戦がうまくいったならともかく、実際に失敗した際には「それみたことか」とばかりに非難するわけです。

こういった傾向が日本社会全体にあるというのは、個人的にはとても残念です。共同体を大切にする心理が反転してか、日本社会では人と違う行動を取って失敗すると責められがちです。特にSNSが広まった現在では、些細なミスでもあっという間に拡散し、これみよがしに批判する人々が湧いてきます。

このような状況から、失敗を恐れてなかなか起業に踏み切れないというのも、起業家が少ない大きな要因であると思います。

「大企業に入れば安心」はもはや過去の話

ここで一つ質問をしたいと思います。

起業という選択は、大企業に入るよりリスクの高い選択なのか——。

この問いに対し、多くの人は「何を分かりきったことを聞いているんだ」と感じ、当然のように、「大企業に入るほうが、はるかにリスクが少ない」と答えるかもしれません。

しかし、シャープや東芝など、以前なら「あこがれの的」であった大企業が、続々と経営不振に陥っています。それを見るだけでも、大企業イコール安心安全とはいえないはずです。

現代はインターネットによってビジネスのスピードが速まり、企業の栄枯盛衰のサイクルもまた短くなっています。その一方で、私たちの健康寿命は延び、いずれ50年、60年と働くのが当たり前となるはずです。インターネットが一般に普及してわずか20年の間に、いかに世界が大きく変化したかを考えれば、今後半世紀にわたり安定した経営を続けるのがどれほど稀有なことか……大企業であってもそれは同じで、「うちは絶対潰れない」と確証を持てる経営者はまずいないはずです。

これを被雇用者の側から見るなら、「大企業に守ってもらい、一生安定して働ける」という人生は、もはや幻になりつつあるといえます。そしてまた、大きな組織ほど独自の社会や風土を持っているものです。そこにどっぷりと浸かり、そのほかの世界を知らぬまま時を過ごしていくと、当然ながらその社会の中でしか通用しないような能力や考え方しか身につきません。一生、勤め続けられればそれでも問題ありませんが、大企業が不倒であるというのはもはや過去の認識です。20年、30年と、大企業という一つの社会の中で過ごしたあと、いきなりリストラや倒産の憂き目にあって外の社会に放り出され、会社の看板が名刺から消えたならどうなるか、想像に難くないはずです。

つまり大企業には大企業なりの、リスクがあるのです。

では起業はどうかというと、職を失う確率でいうなら確かに大企業に入るよりもはるかに高いといえます。けれども、事業を起こすにあたっては、マーケティング能力やマネジメント能力など、社会で幅広く通用するビジネススキルが求められます。自分で事業をするなら、商品やサービスを作って顧客に売り、資金を集め、さまざまなパートナーとも良い関係性を築いていかねばなりません。こうした能力は、いつの時代も、どんな会社においても有効に機能する汎用性を備えています。

たとえ起業がうまくいかずとも、一度その道に飛び込めば、このような能力は必然的に磨かれていきます。これはいわば、個として社会で生きていく力を伸ばす経験であると思います。したがって、短期的なリスクで見れば確かに大企業への就職のほうが安定していますが、人生という尺度でとらえるなら、必ずしも起業のほうがリスクが高いとはいえないというのが私の考え方です。

もちろん、大企業への就職自体が悪いわけではありません。目的や目標を抱き、その実現のために大企業の門戸をたたくというなら、素晴らしい選択です。問題は、「とりあえず大企業に入っておけばリスクがない、人生は安泰である」という考え方にあります。

一度きりの人生で、何をなすべきか、何ができるのかを熟考したうえで、企業規模や見せかけの安定にとらわれず、広い視野で仕事を選択すべきです。たとえサラリーマンであっても、会社以外のところで本当にやりたいことが見つかった場合に備え、起業という選択肢を持っておくのが大切なのです。

日本に足りない、新興企業への投資文化

仮に起業を志したとしても、事業を一つ立ち上げて軌道に乗せるまでのハードルが高く、そこで諦めてしまう人も一定数います。

スタートアップの段階で必ず超えねばならぬ代表的な壁として、資金の問題があり

ます。初めての起業の段階から、手元に何億円ものキャッシュを用意したうえで会社を作れるなら別として、ほとんどの場合には、まずは小さなスケールで始めるか、あるいは出資を募ることになるはずです。

海外に目をやると、素晴らしいアイデアや、志のある起業家に対しては、必ずといっていいほど支援者が現れるものです。それはベンチャー企業に対する投資額の多寡からも見て取れます。ベンチャーへの投資が最も活発な国の一つであるアメリカでは、年間約16兆円もの投資が行われていますが、日本ではわずか4000億円ほどです。

未上場の新興企業に出資をしてリターンを狙うベンチャーキャピタルの投資額においても、アメリカと日本では雲泥の差です。経済協力開発機構（OECD）の国際比較「Entrepreneurship at a Glance 2018」では、アメリカのベンチャーキャピタル投資額が対GDP比で0・4％であるのに対し、日本ではわずか0・03％と、10分の1以下です。また、コロナ禍にあった2020年度のベンチャーキャピタル投資件数についても、アメリカの1万2300件に対し、日本は1200件とやはり10分の1以下にとどまっています。

ちなみにアメリカのベンチャーキャピタルは、年金や財団といった機関投資家による豊富な資金源を持っていますが、日本のベンチャーキャピタルのほぼすべてはそうした後ろ盾を持ちません。資金も数十億円の規模にとどまっているため、結果としてなかなか大型の投資案件が生まれず、投資案件の数自体も伸びていかないという事情もあります。

そのほかに、日本の金融機関も一般的にベンチャーへの投資には消極的です。ここにもリスクを取らず安定性を重視する日本人的な感覚が見え隠れします。新興企業は、成熟した企業よりも当然ながら安定性が低く、成長過程において赤字を抱えたり、収益性が低かったりします。加えて過去の実績も限られ、将来の予測がしづらいため、保守的な金融機関は投資を控えるのです。

相応のリスクを負ったうえで利益を取りにいくのが推奨される文化を背景として、積極的に新興企業に資金を回すアメリカの金融機関とは対照的な姿勢といえます。

このように、新たな企業に対する投資には消極的な国であるというのも、起業においての一つの壁となるものです。また、起業して5年後の生存率が15％、10年後では6・3％という厳しい数字の裏にも、投資が受けづらく資金が集まらないという社会的な構造が潜んでいるのは間違いありません。

成功するまで諦めない、執念の思考が実を結ぶ

起業家精神やノウハウを学ぶ場もほとんどなく、起業に失敗すれば批判されかねず、資金集めも難しいというのが、日本という国の現状です。

しかしそんな中でも、会社を起こして成功する人は存在しています。いったい彼ら彼女らは、どのようにしてそれを成し遂げているのか――その方法は一つではなく、業界や時勢によって最適解は変わりますから、成功への道はまさに経営者の数だけ存在するといっても過言ではありません。

ただ、実際に起業家として私が成功できた理由は何かと問われれば、経営者として打席に立ち続けたからだと答えます。

こう言葉にすると、当たり前のように思えるかもしれません。しかしここにこそ、成功の真理があると私は考えています。

うまくいく事業ができるまで、起業をやめない。

それができれば、誰であっても成功をつかめるというのが、私の持論です。

例えば資金難に陥って、会社をたたまねばならなくなったとします。確かにその事業はそこまでかもしれませんが、それを失敗ととらえず、次の起業のための経験と考えて再起を図る、というのをひたすら続けていれば、次第に知見や経験、人脈が広がり、成功率は間違いなく高まっていくはずです。そうあるためには「一生、起業家として生きていく」というような強い思いが求められます。人間である以上、何度もうまくいかなければ落ち込むものです。私も5度の起業のなかで、「もう無理かもしれない」「このままずっと成功できないのだろう」と悲観的になったことはもちろんあります。

そんなときに自分の支えとなるのが、起業に対する思いです。その思いが、もはや執念ともいえるほどに強まり、諦めるという選択肢が心から消えたなら、あとはただひたすら経験を積み、試行錯誤のなかで自らを磨いていくだけです。

日本社会の風土や、起業の難易度が今後いきなり大きく変わることを期待していても時間だけが過ぎてしまいます。そうした現実をいわば前提として、うまくいくまで起業を続けるというのが、誰であっても成功する唯一の方法ではないかと私は考えています。

ただし、だからといってやみくもに起業へと走り出していく必要もありません。起業家として持つべき心構えや思考法についてあらかじめ理解しておいたほうが、より効率的に目標へと向かうことができます。

第1章【スタートアップ】

起業した瞬間から始まる
ゴールなき戦い
一度失敗しても、走り続ければ
必ず成功をつかむことができる

誰だって起業して成功を収めることはできる

事業を起こして成功を収め、メディアなどに頻繁に登場するような経営者たちを見ていると、高学歴であったり、いかにも頭が切れそうだったりして、別世界の人に思えるかもしれません。確かに、何千億円、何兆円といった規模の企業を作れる人の数はごくごく限られており、そうした人々は才覚にあふれています。

しかし日本において、大企業の数は約1万社、企業全体からすると０・３％程度です。残りの99・７％はすべて中小企業であり、その数は約３５０万社にのぼります。

つまり、メディアに登場するような華々しい経営者たちは氷山の一角であり、表舞台に立たないだけでしっかりと会社を経営している人々が３５０万人以上いるということです。彼ら彼女らのほうが標準的な経営者であり、私もその一人です。そして、こうした標準的な経営者になるためには、特別な才能などいらないというのが私の持論です。

現に私は、自分に経営の才能があると思ったことは一度もありません。

もともと口下手で、頭脳も人並み、無意識に人を惹きつけるカリスマ性も、人脈をどんどん広げていく社交性も持ち合わせていません。それでも、創業した会社を年商１６０億円のところまで成長させることができた理由は、執念しかありません。

私は、そもそも自分に才能があると思っていなかったのもあって、その分、人の2倍、3倍努力しなければ成功はないと常々考え、実践してきました。時間は地球上の誰にも平等に流れ、1日は24時間です。その限られた中で、どれだけ仕事に夢中になれるか、仕事について考え続けられるかが成否を分けるのだと思います。

たとえ才能豊かな人でも、働く時間は月に150時間と決めそれ以上は仕事をしない人と、才能はなくとも時間が許す限り仕事に取り組んだ結果300時間働く人とでは、いずれ圧倒的な差がついてきます。才能で帳消しにできるのは、せいぜい10時間や20時間の作業といったところで、あとは努力を積み上げた分だけ力の差が開いていくのです。

起業に関していうと、ゼロから会社を作り上げるというのはとても難易度の高いミッションであり、才能だけでは簡単には成功しません。例えば、起業家および投資家が多く集まるアメリカのシリコンバレーであっても、スタートアップの企業の成功率は数%にとどまるといいます。仮にそれが5%とすれば、20回に1度しかうまくいかないわけです。この数字を見て、多くの人は「そんなに成功率が低いなら、チャレンジできない」と感じるかもしれません。しかし私はこの数字について「20回やり続ければ成功する」ととらえます。そして、20回に及ぶ試行錯誤を完了するまでの期間が短いほど早く成功できると考え、とにかく時間が許す限り仕事をして、一刻も早く成功に近づく努力をします。

現在、事業が好調の定期食材宅配サービス「オイシックス」を立ち上げた髙島宏平氏が、サービスを開始したのは２０００年でしたが、最初の５、６年は赤字続きで、投資家を探す日々であったといいます。そんな苦しい時期でも投げ出すことなく努力を怠らなかったからこそ、その後の上場や現在の繁栄があります。髙島氏だけではなく、成功を収めている起業家の多くは、苦境や逆境を乗り越えてきているものです。

このような観点から、あえて起業の才能というものを私流に定義するなら「人の何倍も努力できること」「何があっても起業を続けること」の二つであり、これらは天性というよりも自らの意思の持ち方に関わる部分が多いところです。私が常々、「誰だって起業して成功を収めることはできる」と口にしているのは、こうした理由に基づいています。これは起業だけではなく、あらゆる仕事で成功するための一つの法則であると考えています。

目標を
定めることが
すべての始まり

近年は、働き方改革の名のもとに、労働時間はできるだけ短いほうがいい、仕事は定時で終えるのが当たり前という風潮が強まってきたように感じます。また、いわゆるZ世代を中心に、仕事でも「タイムパフォーマンス（時間対効果）」を重視し、できるだけ短時間で効率よく取り組み、残業はしたくないというスタンスの人が多く見られるようになりました。

しかし、それにかこつけて働く時間を減らしてしまうようでは、起業においても、会社勤めであっても、人より成功を収めるのは難しいです。

「人の何倍も努力できること」は、労働時間の短縮や、タイムパフォーマンスという発想とは正反対にあるものです。何時になろうが時間が許す限り仕事をして、たまの休日も仕事のアイデアで頭がいっぱいになる、というくらいに仕事に没頭した先に、成功への扉があります。

そんなにすべてを仕事に捧げることなどできない……そう思う人もいるでしょうが、実は誰であっても、そのような〝仕事人間〟になれます。

例えば、本やゲームなどが面白くて、時間を忘れた経験が誰しもあるはずです。その際、「今日はこの時間まででやめよう」などと区切られてしまえば、きっと反発したものと思います。

それこそが、物事に熱中するということであり、仕事もまた熱中すれば、むしろやめたくないと感じるものです。そこに、定時がいつだとかタイムパフォーマンスがどうか、といった発想が入る余地はありません。

逆にいうと、そのように労働時間が気になってしまう人は、結局のところ仕事を楽しめておらず、夢中になった経験もないのだと思います。とはいえそう簡単に仕事に熱中できるのかというと、それには段階があり、まずは仕事を楽しめるようにならねばいけません。

物事を楽しむために最も重要なのは、目標や目的を持つことです。起業はもちろん、たとえどんな単調な業務であっても、目標や目的さえ設定できれば、楽しめるようになっていきます。

私には、高校卒業後から2年ほどサラリーマンをしていた時期があります。ガラス製品の製造会社にマシンオペレーターとして入社したのですが、最初に担当したのは工場の検査部門でした。そこで何をしたかというと、ライン上を流れてくるガラス瓶を目視し、不良品がないかチェックするという業務です。

一日中椅子に座り、がらがら、がらがらとやや耳障りな音を立てながら、次々と目の前を通過するガラス瓶をただひたすら眺める……それが自分に与えられた役割でした。

毎日、毎日、ガラス瓶が流れていくのを見るだけの仕事は、最初苦痛で仕方ありませんでした。不良品の割合が多ければ、あるいは気が抜けずに緊張感が持てたかもしれませんが、不良品はそこまで出ず、大半はただ座っているだけでいつも眠気と戦っていました。もうどれくらい時間が過ぎたかと時計を見れば、まだ1時間も経っておらずに愕然とするほど、時の流れが遅く感じました。

次第に会社に行くのが苦痛になり、３カ月ほどで限界が来ました。このままでは、もうこれ以上仕事を続けられない……。そこで私は、どうやったらこの業務を苦痛に感じなくなるかを考えてみました。

どうせやらねばならないことなのだから、一度本気で取り組んでみよう、自分のラインからは今後、一本たりとも不良品を出さないようにしよう、そうして自分なりに目標を立ててみた日から、すべてが変わりました。

今まで、眠気で閉じそうになるまぶたをなんとかこらえているような状態だったところから、かっと目を見開いて必死に瓶を見るようになりました。完璧を目指す以上、一瞬たりとも気は抜けません。自然に背筋は伸び、前のめりでラインと向き合い、集中します。すると、これまで時の流れが遅く感じていたのが嘘のように、気づけば業務時間が過ぎているようになりました。そして不良品を出さない期間が長くなればなるほど、仕事が面白くなっていきました。

周囲の同僚たちは、以前の私のように退屈し、うつらうつらしながら業務をこなしていますから、不良品を見逃すこともよくあり、会社としてもある程度の見逃しは想定内といった感じでした。そんな中で、なぜか私のラインだけが長きにわたって不良品が出ていないのですから、当然ながら注目され、評価されます。それがさらなるやりがいにつながり、瓶を見続けるという単調な作業を心から楽しみ、熱中できるようになったのでした。

嫌なことややりたくないことでも、考え方を少し変えるだけで、楽しいものに変えられるんだ――。私はそう学びました。そしてまた、考え方を変えるきっかけとなるのが、目標を持つことであると理解しました。

起業にあたっても、その過程を楽しみ、熱中して取り組むには、まず目標や目的をしっかりと定めるというのが大切です。理念やビジョンといった中長期的な目標を明確にするのはもちろん、それを日々の業務に落とし込み、１週間、１日単位といった短期目標を立ててほしいと思います。

短期目標を連続してクリアし、自らが日々成長しているという実感を得るのも、仕事に熱中するためのアクセルとなります。

結果には必ず原因があり、偶然はない

私が事業でそれなりに成果を上げられたのも、まず目標を定め、達成までのロードマップを描き、それに沿って行動していった結果であると考えています。目標があることで事業に熱中できるのはもちろん、一つひとつのハードルをしっかりとクリアしていけばいずれ必ず目標に到達できるというのも、重要なポイントです。

イギリスの作家ジェームズ・アレンが、1902年に著した『原因と結果の法則』というビジネス書があります。出版から100年以上が過ぎた今でも、成功哲学の本質を描いた名著として世界中で読み続けられています。原因と結果の法則を要約するなら、「今の自分の状況や、自らを取り巻く環境という結果は、過去の自分の思いという原因によって作り出されたものである」ということです。

成功者に対し「運が良かっただけ」「たまたまうまくいった」といった言葉ですべてを片付けようとする人がいますが、それは誤りで、結果には必ず原因があり、偶然の産物ではないと同書は説きます。

私がこの本と出合ったのは、「目標を定め、ロードマップを描き、行動した結果、成果が出る」という自らの発想を、なんとか分かりやすく社員に伝える方法はないかと、書店を巡っていたときでした。試しに手に取り、目次を眺め、ざっと走り読みしただけで、そこに書かれているのが自分自身の思想とほとんど同じ内容であると分かりました。しかも自分の説明よりもはるかに分かりやすく書かれていましたから、私はその場で購入し、大いに参考にしました。

例えば宝くじの当選者は、少なくとも1枚以上は宝くじを購入しているわけで、何もせずに幸運が舞い込んだわけではありません。起業家として成功を収めている人も、当然ながら過去にその道へと一歩踏み出した瞬間があり、さらには投げ出すことなく続けてきたからこそ現在があります。逆もまたしかりで、犯罪に手を染めてしまうような人は、ただなんとなく法を犯したわけではなく、そこに至った理由が必ず存在しています。

すべての結果には原因があり、良い心は良い実を結び、悪い心は悪い実を結ぶというのがアレンの主張であり、正しい思いを持って努力すれば、良い結果に結びつくのは必然であるというのが、原因と結果の法則において重要なポイントであると感じます。

ただし起業においては、いくら事業に対する思いが強くとも、それだけでは結果を導けません。そこで求められるのが、具体的な目標であり、それに向かって着々と行動を積み上げていくことができてこそ、必然的に良い結果が得られるのです。

原因と結果の法則からいうと、たとえどんな壮大な夢であっても、正しい思いのもとに目標を立て、着実にクリアしていけばいずれ叶うことになります。ただ、大きな夢ほど達成までの道のりは長くなりますから、人生という限られた時間の中であらゆる夢が実現できるというわけではありません。起業によって叶えたい夢が壮大なら、それこそ寝る間も惜しんで仕事をしなければ間に合わないかもしれません。せっかく順調に夢に向かっているのに、志半ばで時間切れを迎えるのはあまりにももったいない話です。

だからこそ私は、目指すべきものがあるなら人の何倍も努力せよ、というのです。なお、事業における具体的な目標を立てる際に私が一つの目安にしてきたのが、売上です。例えば起業すると決めたなら、では第一歩としてその事業で１０００万円を売り上げるにはどんな行動をとればいいのかを考えます。仮に1個1万円の商品を扱うなら、１０００個売ればいいわけで、それを半年で実現するには、人がどれくらい必要で、どんな設備がなければならないか……と逆算し、準備していきます。

いざ事業をスタートすると、もちろん計画どおりにいかないことが出てきますが、うまくいかないその裏にも、やはり原因があります。それを掘り下げて取り除き、軌道修正するというのを続けていけば、いずれ必ず事業は軌道に乗っていき、大きな目標にもたどり着けます。

振り返れば2015年、私はこれまでにないほど大きな目標を立てました。当時は20店舗ほどのエステティックサロンを経営し、売上は20億円ほどだったと記憶しています。

全体会議の席で、私は宣言しました。

「ここから5年で、売上100億円を達成します」

社員たちは一様に、ぽかんとしていました。きっと誰もが、そんなことできるはずがないと思っていたはずです。しかし私の中では、道筋が明確に見えていました。1店舗1億円前後の年商があるわけですから、100店舗まで店を増やせば必然的に100億円が視野に入ってくるだろうという、シンプルな発想でした。

目標を叶えるためにやることが定まっていれば、あとは粛々と実行するだけです。マーケティングを行い、店舗を探し、人材を確保し、教育を行うという一連の手順を繰り返す中で、課題が見えればそれを解決し、着実に店舗を増やしていきました。

そこから5年後、ふたを開けてみれば売上は160億円を超えました。試行錯誤の中で、マーケティング力が向上したり、店舗のオペレーションが磨かれたり、人材教育の仕組みが強化されたりして、各店舗の売上が予想以上に伸びたおかげです。

一方で私は、事業を軌道に乗せられずに終わったという経験も数多くしています。今思えばその原因は、目標があいまいだったり、計画が具体性を欠いたりしたせいでした。

自らの起業家としての歩みを振り返っても、スタート段階での目標と計画がいかに重要なものか、あらためて感じます。

市場を創るか、既存市場に参入するか選択せよ

起業にあたって目標を定め、計画を練る段階で、当然ながらどんな方法で達成するかについても検討することになります。その方法については、大きくいえば二つの選択肢があります。

まずは、いまだ世にないアイデアや商品で勝負し、マーケットを作っていくというやり方です。「スタートアップ」という言葉は、どちらかといえばこうしてイノベーションを起こし、世界を変える企業へと成長するのを目指す起業を指すことが多いと思います。

しかし、起業で成功を収める道はそれだけではありません。既存のマーケットに新たに参入し、そこで勝負するやり方もあります。例えば、焼き鳥店は日本全国に存在し、昔からある飲食業の形態ですが、だからといって参入の余地がないわけではなく、いまだに日々、新たな店舗がオープンしています。

なお本書ではこうした形での起業についても、スタートアップとして扱っていき、前者を「市場創出型」、後者を「既存市場参入型」と呼び分けることとします。

より具体的な例を挙げるなら、タクシーの配車アプリ「ＧＯ」の配信元であるＧＯ株式会社は、タクシーというすでに成熟した市場をターゲットとしつつ、最新のＩＴ技術を応用しこれまでにない新たなサービスを作り上げたという点から、市場創出型とします。こうしたテック系企業は、たとえレジェンド産業を土俵としていても市場創出型に分類されるケースがほとんどです。

また、パーソナルジムを全国に展開して成功を収めたＲＩＺＡＰグループ株式会社は、一見すると新たにマーケットを作ったように思えるかもしれませんが、日本におけるパーソナルトレーニングのマーケットはそれ以前から存在し、フィットネスクラブもまた50、60年もの歴史を持つため、既存市場参入型となります。

市場創出型は、基本的に今まで世の中になかった事業を新たに展開していきますから、構想段階では、果たして自ら思い描くイメージが事業として成立するのかすら分かりません。

計画段階で設定するターゲットも、提供方法も、あくまで仮説にすぎず、それが機能するかはふたを開けてみなければ見えてこないという不透明さがあります。したがって市場創出型の事業の立ち上げ時は、どんなターゲットに向けてどのような商品やサービスを展開すべきなのか模索しながら、ビジネスを形にしていくことになると思います。

一方の既存市場参入型は、どんなターゲットにどういった種類の商品やサービスを展開すべきか、あらかじめ明らかになっているのが一般的です。焼き鳥店の例でいうと、軸となる商品は焼き鳥であり、それを食べる人が必ずどこかにいるのは分かっています。それは、世にない商品が果たして売れるかどうかを心配しなければならない市場創出型とは大きく違う点です。

資金面でいっても、走りながらビジネスを構築していく市場創出型は、最初は売上がない時期や安定しない時期が続きがちで、数カ月から2、3年は赤字になるのが普通です。そのため初期投資の額は大きくなりがちで、金融機関や投資家などからの出資を受けながら事業を継続していくケースがほとんどです。

しかし既存市場参入型は、比較的早くから売上が立ちやすく、相対的に初期投資も抑えられます。自己資金や融資の範囲内で事業を起こせる可能性も、市場創出型と比べればかなり高くなります。つまり、起業の間口という点でいうなら、既存市場参入型のほうがはるかに門戸が広いといえます。

しかし、一度歯車が回り始めたあとの成長速度や、スケールの広がりは、市場創出型に分があります。スティーブ・ジョブズが自宅の小さなガレージで組み上げたアップルコンピュータがその後の世界を大きく変えたように、市場創出型の事業が軌道に乗ってからのインパクトはすさまじいものがあります。

既存市場参入型は、入り口こそ広いですが、競合も数多く存在し、成熟したマーケットを短期間で席巻するようなことはまず起きません。軌道に乗ったとしても成長は比較的緩やかで、時間をかけて利益を伸ばしていくのが基本となります。

したがって、市場創出型がハイリスク・ハイリターンであるのに対し、既存市場参入型はローリスク・ローリターンであるといえます。このような特性を踏まえたうえで、自分はどんな方法で起業を行えば目標が叶いやすいのかを、あらかじめ熟考しておく必要があります。

ちなみに私が手掛けてきた事業はすべて、既存市場参入型です。

世界を大きく変えるべく人生を賭して一か八かの勝負に乗り出すより、自己資金や融資の範囲内で事業を立ち上げ、特定の人々の困りごとを解決しながら着実に目標に向かうというスタイルが、自分に合っていると感じます。

人が対価を払ってでも
手に入れたい
価値を生み出す

このように事業の方向性は大きく二つありますが、いずれの場合にもまず理解しておくべきビジネスの基本があります。

事業とは、顧客がお金を支払って商品やサービスを購入することで成り立ちます。では人は何に対しお金を払うのかといえば、商品やサービス自体ではなく、それによって自らにもたらされる価値に対してです。何に価値を感じるかは人によってさまざまですが、一定の傾向は存在します。まず、自らの課題を解決してくれる商品やサービス、すなわち課題解決のために対価を支払う人は多くいます。

顧客の課題をいかにして解決するかという点は、事業を設計するうえでも重要なポイントであり、忘れてはならぬものです。特に、世にない技術をベースとするような市場創出型のビジネスの場合には、ともすればそれだけで事業が成功するような錯覚に陥りがちです。しかし、例えば現在、世の中を席巻しているＡＩ技術であっても、それ単体ではビジネスになるようなことはありません。人々の抱えている課題を解決するための使い方を考案し、商品化して初めて事業として成立します。

事業を設計するにあたっても、まずは人が対価を払ってでも手にしたくなるような価値を生み出せるか、しっかりと検討せねばなりません。

その過程で明確化する必要があるのが、誰に対して商品やサービスを提供するかです。仮にあらゆる人に共通する課題を手軽に解決できるような事業が存在するなら、それは間違いなく史上最も利益を上げるビジネスへと成長するでしょうが、当然ながらそんなに都合のいい話はありません。特に資金も人材も限られ、社会的な認知度もないスタートアップの段階では、さまざまな人々の異なるニーズをまとめて満たせるような商品やサービスをそろえるのはかなり難しいはずです。ターゲットを絞り込んだうえで集中的にアプローチして少数でもファンを作るのを目指すのがオーソドックスな戦略であるといえます。

ターゲットが定まり、そこに対してどんな価値を提供するのかが固まったなら、それでひとまず土台は整ったといえます。次に考えるべきは、実際にどのようにして商品やサービスを形にするかです。製造業であれば、設計、製造、管理といった工程がありますし、サービス業でも、自分だけでやる場合を除いてサービスを提供する人材を集め、教育をする必要があります。事業によっては、たくさんのステークホルダーの力を借りねばならぬ場合も出てきます。

そうして商品やサービスを用意する目安が立ったなら、あとはどのようにしてそれを顧客に届けるか、すなわち売り方を検討しなければなりません。BtoCの事業であれば、ネット販売で商品を売ることもあるでしょうし、店舗を構えてサービスを提供するのが適した場合もあると思います。BtoBだと手法はまた違ってくるはずですが、いずれにせよ顧客にその商品やサービスの存在を知ってもらわなければならないため、広告戦略や営業といった認知度向上のためのアクションの検討もあわせて行います。

ここまでの計画が、事業の大枠の骨組みとなるものです。そして骨組みができたなら、あとはひたすら行動あるのみで、実際に資金を動かし、人を集め、事業を現実化していくことになります。

なお、計画を立てるのに力を注ぐのはいいことですが、こだわりすぎてあまりに時間を割くのは避けるべきです。ビジネスのスピードが速まり、事業環境も目まぐるしく変わる現代においては、せっかく素晴らしい事業の種を持っていても、世に出すタイミングが遅れてしまうと、あっという間に時代遅れになりかねないからです。「自分と同じアイデアを持っているライバルはほかにも必ずいる」と考えておくべきです。

マーケティングの本質を理解せよ

計画を立てたあとの、起業にあたっての準備についても、完璧を求めすぎるとなかなか事業が立ち上がりません。ビジネスに必要な要素は、人、モノ、金、情報とよくいわれますが、スタートアップに限っては、それらすべてがそろうまで動き出さないというのはあまりに消極的です。

人については、欲しい人材がタイミングよく現れ、かつ給料が安くとも、ともに働いてくれるようなことはまずありません。最初から人を頼らず、とにかく自分でなんでもやってみるという姿勢で取り組むべきです。モノ、すなわち在庫や設備は、事業によっては必ず必要になりますが、まずは最低限の準備にとどめ、のちに必要に応じて増やしていけばいいと思います。資金も、心配だからと貯まるまで待っているようでは機を逸します。ある程度目途が立ったなら、とにかく事業を立ち上げるべきです。

唯一の例外といえるのが、情報です。情報だけは、事前の収集量が多いほど事業が成功しやすくなるといえます。情報であふれている現代社会においては、ネット検索だけで有用な情報がある程度集められます。残りの、インターネットでは見つからないリアルな情報に関しては、人に会って話を聞くなどして自ら取りに行くのが大切です。

とはいえ市場創出型のビジネスの場合、今まで世にないものを作り出そうとするのですから、情報収集にも当然限界があります。過去のデータや顧客ニーズなども存在せず、手探りで事業を構築していくことになるはずです。今ある情報をもとに「きっと顧客はこういう課題を抱え、こんな解決策なら価値を感じてくれるはずだ」という仮説を立てたあとは、果たしてそれが正しいかどうか、実際に事業をスタートしてみなければ分からないのです。

したがって事業開始の時点では、ひとまず小さな規模で商品やサービスを展開して仮説を検証し、そこから得られたフィードバックから誤りを修正して再び新たな仮説を立て、展開し、フィードバックを得て……というサイクルで事業を磨いていくケースがよく見られます。情報収集という点でいうと、事業開始後のフィードバックの収集体制をいかに作れるかが一つのポイントになります。

既存市場参入型については、市場調査の精度が事業の成否に大きく影響すると考えておくべきです。想定した顧客層に対するヒアリングや、インターネットを介した大規模なアンケート、ライバルとなる企業の存在、最新の流行など、多角的に行っておく必要があります。

より分かりやすく表すなら、ただ「おいしい焼き鳥を提供する」というプランだけで人が集まるほど、事業は甘くありません。出店先候補の地域にはどのような属性の人々が暮らし、どのような生活をしていて、どんな飲食店が流行っており、ライバルが何店舗あるか、勝負するマーケットについて掘り下げたうえで、自社独自のポジションや勝ち筋を見つけるというのが、市場調査の目的となります。

なお、こうした情報収集の先にある企業活動が、マーケティングです。事前に集めた情報の精度が高いほど、より効果的なマーケティング戦略を描くことができるようになります。マーケティングは、現代において事業を始めるうえで避けては通れないものとなっています。ビジネスシーンでは当たり前のように使われている言葉ですが、では具体的にどのような意味かと聞かれたら、意外と答えられる人は少ないものです。

市場調査、プロモーション、広告宣伝……人によってさまざまな答えが返ってくると思いますが、実はこの振れ幅の大きさの中に、世間におけるマーケティングという言葉の定義のあいまいさが表れています。

辞書で引くと、次のような解説があります。

「顧客ニーズを的確につかんで製品計画を立て、最も有利な販売経路を選ぶとともに、販売促進努力により、需要の増加と新たな市場開発を図る企業の諸活動」（大辞泉）

また、現代経営学の父とされるアメリカの経済学者、ピーター・ドラッカーは「マーケティングが目指すものは、顧客を理解し、製品とサービスを顧客に合わせ、おのずから売れるようにすることである」とその本質について語っています。

これらに鑑みれば、マーケティングの本来的な意味は、市場調査など特定の活動ではなく、モノを売るために求められる活動全般であるといえます。

世の中を見ると、特定の販売活動や調査活動を、マーケティングととらえている人が多いようです。市場調査やプロモーションは事業において確かに重要な活動ではありますが、あくまでマーケティング活動の一環にすぎないものです。

以前のマーケティングの世界はややアカデミックなイメージで、取り組むのは大企業や経営コンサルタントなど一部に限られ、中小企業や個人事業主とは縁遠い概念でした。

しかし2000年代に入り、インターネットの爆発的な普及と合わせて、マーケティングの概念もまた急速に一般化していきます。検索エンジンのリスティング広告や人気ウェブサイトのバナー広告などは低予算から実行可能で、資金にあまり余裕のない会社でも積極的に広告戦略を展開することができるようになりました。

デジタル広告が革命的だったのは、圧倒的な測定性にあります。これまでのテレビ広告や新聞広告などは、その具体的な効果を数値化するのが難しかったですが、デジタルであれば、それが1日何人にクリックされ、そのうちどれくらいの数の人が購入してくれたのかや、HP来訪者のセグメントの集計、はては広告の費用対効果までダイレクトに数値化できます。こうして中小企業や個人事業主であっても、顧客のニーズや消費行動を収集し、それを販売戦略に活かすことが日常化してきて、マーケティングはもはや外せない重要な経営戦略となったという経緯があります。

世界的に見れば、「日本企業はマーケティングが弱い」とよくいわれます。優れた技術や製品を作る能力があるにもかかわらず、それを広め売っていくのが苦手であるため、結果として他国の競合他社の後塵を拝するケースも多いのです。

ここではまず、マーケティングとはモノを売るために求められる活動全般であり、起業でも欠かすことのできない要素であるという点を理解してほしいと思います。

最初から株式会社にするか否か、熟考する

事業を起こすにあたって考えるべきことの一つは「会社を作るかどうか」です。果たして個人事業として立ち上げたほうがいいのか、それとも法人登記を行うほうがいいか、迷う人もいると思います。

これは本当にケースバイケースで、例えばすでに大企業との取引が見込めているような場合には、相手側のルールとして「個人事業主とは基本的に取引をしない」と決まっていることがほとんどであるため、必然的に会社を作る必要が出てきます。

一方で、海外で見つけた商品を日本でインターネット販売したり、自らを店主として飲食店を開業したりするなど、個人事業主であっても問題なくこなせる事業はたくさんあります。コンサルティング業やフリーランス業、弁護士や会計士などの専門職についても、個人事業主として行う人は多くいます。

ここであらためて、会社を作るメリットについて考えてみます。以前は、会社を設立するのに１０００万円の資本金が必要だったこともあり、支払い能力という観点で、個人よりも会社のほうが社会的な信用力がありました。しかし現在は資本金の制限はなくなり、数十万円の手数料さえ支払えば誰でも会社を作れるようになったため、個人よりも会社のほうが信用力があるといえる理由は、ほぼありません。それでも昔の慣習からか、いまだに日本社会では、「会社のほうがなんとなく信頼できる」というイメージが残っており、取引先の開拓や求人の際にも有利に働くことが多いです。

また、法人格を取得することで、法律上は経営者個人とは別の人格に、事業に関連した契約を結ばせたり、資産を預けたりできるようになるため、自らのプライベートと事業を切り離して管理できるというのも、メリットの一つといえます。

会社の財布と自分の財布が明確に分かれていることで、事業に関する資金の流れが明確化でき、それによって融資や出資を受けやすくなるはずです。逆にいうと、会社と個人の財布が一つになり、事業における資金の出入りがいまひとつ分からないような相手には、金融機関もお金を貸したいとは思わないものです。また、第三者からの出資を受ける主な方法の一つである株式の発行を行う際にも、当然ながら会社を作ることが前提となります。ゆくゆくは組織を作って事業を拡大したいなら、最初から法人格を取得しておいたほうがいいかもしれません。

ちなみに株式会社と聞くと、「株主から経営に口を出される」というイメージがある人もいると思います。確かにそのとおりではあるのですが、起業の段階からいきなりたくさんの株主がつくのは考えづらく、最初は自分が１００％、自社株を保有するオーナーです。すなわち会社の所有権も経営権もすべて自分に属した状態でのスタートとなります。その後事業が成長していく中で、必要に応じて株式をどうするかを判断すればよく、初めから「株式会社を作るべきなのか……」などと思い悩む必要はありません。

また、会社を起こすにあたって、実は株式会社以外の形態も存在します。現在、日本で新しく設立できる会社の形態は、「株式会社」「合同会社」「合資会社」「合名会社」の４種類です。ただ、合資会社と合名会社は他の二つと比べると設立件数が少なく、起業の際にも株式会社か合同会社のいずれかを選んで設立するのが一般的です。

では合同会社とは何かというと、２００６年の会社法改正で新しく設けられた会社形態で、アメリカのＬＬＣ（Limited Liability Company）をモデルに導入されました。その最大の特徴は、出資者のすべてが経営の決定権を持つことです。株式会社なら、出資者である株主が会社の所有者で、経営を行う取締役とは役割が切り離されていますが、合同会社は「出資者＝経営者」であるところが大きな違いです。

また株式会社では、株主に対する利益配分の比率や議決権の分配比率が出資額に応じて決まるのに対し、合同会社は出資額にかかわらずそれらを自由に決定できます。この仕組みが活きる場面としては、例えば資金はないけれど並外れた技術を持っている料理人と、料理の技術はないけれど資金なら用立てられる出資者が共同で事業を立ち上げるようなときです。こうしたケースでもし株式会社を作るとするなら、事業から生じた利益はほぼ出資者に配当されますし、最終的な決定権も出資者に属することになり、事業を実質的に支えている料理人にとっては不平等な形となります。しかし合同会社であれば、利益配分や議決権を自由に分配できますから、料理人の意向を反映できます。

こうした合同会社の仕組みは、コンテンツ産業やジョイントベンチャー、企業と研究機関との連携プロジェクトなどで活用されていますが、日本ではそこまで認知度が高くありません。国内においては、Apple Japan合同会社やGoogle合同会社など、世界的な企業の日本法人として合同会社を立ち上げているケースが目立ちます。

スタートアップという観点からいうと、会社設立の費用が抑えられるのが合同会社のメリットの一つです。株式会社では必須となる定款承認が不要であることなどによって、初期費用が10万円ほどに抑えられ、株式会社に比べ14万円ほど安くなります。

またランニングコストの面でも、合同会社は役員の任期が無制限であり、その変更手続きもいらないため、役員変更時の定款再登録にかかる費用もいらず、毎年決算期に発生する官報掲載費も必要ないので、10万円以上のコストが浮きます。

一方で、合同会社だからこそのデメリットも存在します。最も大きなものは、信頼性の担保が難しい点です。決算公告の義務がなく、小規模で閉鎖的な会社形態が中心となる合同会社は、株式会社に比べて信頼性が低く、認知度も劣っているのが現状です。したがって取引先や金融機関からの信用を得るのが難しい場合があり、取引条件や資金調達の面で不利な立場におかれることがあります。加えて株式という概念がないため、資金調達は国や自治体の補助金・助成金や融資が中心となり、その範囲が大きく限定されますし、将来的に上場もできません。そのほかに、出資者同士の意見の対立が起これば、それが経営に大きな影響を及ぼすリスクもついてまわります。

会社を立ち上げたいけれど費用はあまりかけられないという場合に、まずは合同会社を立ち上げてから株式会社に移行することもできます。一人、または少人数での会社立ち上げを考えているのなら合同会社のメリットを比較的享受しやすいため、選択肢の一つに加えておくといいと思います。

他人よりも常に一歩先の未来を予測する時代の流れに乗らない逆張り思考でブルーオーシャンを見つけ出す

第2章【アイデア】

好奇心の強さと行動力が、アイデアの源泉となる

起業に興味関心があっても、事業化できるようなアイデアがないからとなんの行動も起こしていない人は、意外に多いかもしれません。世にないアイデアや、素晴らしいビジネスモデルというのは当然ながらそう簡単に思いつくものではありません。また、ひらめいたアイデアがそのままビジネスになるかどうかも分かりません。

確かに、世の中にはビジネスのアイデアが湯水のように湧いてきて、たくさんの事業を起こして収益化できるような天才もいるのかもしれませんが、それは例外中の例外で、一般的な経営者とはいえません。

かくいう私ももちろん天才ではありませんので、そう都合よく天からアイデアが降ってくるようなことはなく、仮に思いついたとしても９割以上は実現までいきません。

ではどうやって新たな事業の着想を得るかというと、一言で表すなら「質より量」です。私の頭の中は常に仕事のことでいっぱいで、３６５日、「何か面白い事業のアイデアはないものか」と考え続けています。新聞を読んだり、ニュースを見たりしながら、最新情報にはいつもアンテナを張っています。車を運転しているときですら、街並みやビル群、看板などが気になって、妻から「きょろきょろせず前を向いてください」とよく言われます。

とにかくなんでも調べてみなければ気が済みません。このような好奇心の強さと、すぐに調べる行動力というのも、事業のアイデアの土壌となるものではないかと思います。そうやってもう何十年も、休まず疑問を解決し、事業アイデアを探し続けていますが、それでも形になったのはほんの一握りで、成功を収めたといえるものは数個しかありません。

私の能力が足りていない部分もあるかもしれませんが、経営者の多くは同じような状況であると想像します。仮に誰もがぽんぽんとアイデアを思いつけるなら、起業で成功する人はあとを絶たず、世の中は億万長者であふれているはずです。優れた事業のアイデアを得るというのは、それほどに難しいことなのです。

ソフトバンクグループを創業した孫 正義氏も、起業にあたっては「最初に挑戦する事業は膨大な選択肢を書き出し、どのビジネスで勝負するかを考えに考え抜いた」といいます。ですから起業を目指すなら、とにかくたくさんのアイデアを出し、ひたすら考え続けるしかなく、ここに近道は存在しません。

まずはアイデアを考える習慣を作り、どんな些細なことでもメモして残しておくようにします。そうして可視化した情報を眺める中で、ひらめきを得たり、だんだんと考えがまとまったりするからです。

なお、スタートアップにおける事業のアイデアというと、まったく世にない新たな視点や斬新な発想が求められると思われがちですが、実はそうではありません。成功を収めたベンチャー企業の枕詞のように使われている言葉が、「イノベーション」です。確かに、携帯電話の概念を根底から覆した現代のスマートフォンを世界に広めたアップル社などは、イノベーションを起こし歴史を変えたといってもいいかもしれません。しかしそうしてまったく世にない新たなアイデアを生み出し技術革新を行うというのは、当然ながらそうそうできることではありません。それでも世界には起業家が何千万人、ともすると何億人もいるわけで、逆にいえば必ずしもアップル社のような大々的なイノベーションを起こさずとも、事業を生み育てるのは可能であるといえます。

具体的には、初めから既存市場参入型を選択して、すでに異業種で成功を収めているビジネスモデルを参考にしたり、既存サービスを少し発展させたりすることでも、十分に新たな事業を作ることができます。

アイデアは身近なところに眠るもの

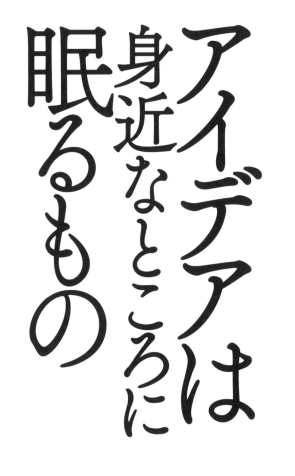

私が経営する会社は、30年以上にわたって美容畑を歩み続けましたが、会社が大きく成長するきっかけとなった事業があります。それは、レーザー脱毛です。

ではどこからそのアイデアを思い付いたかというと、きっかけは顧客のある一言でした。

「このエステティックサロンでは、脱毛はできないのでしょうか」

そんな要望があったと店舗スタッフから聞いたのが、すべての始まりでした。詳しく聞くと、その顧客はもともと大手エステティックサロンで脱毛コースの施術を受けたけれど、痛くて途中でやめてしまった、しかしやはりきちんと脱毛したいと考えるようになって、試しに相談してみたとのことでした。顧客からの要望は、潜在ニーズの掘り起こしにつながる可能性があるため、私は常々、大切に扱ってきたつもりです。

当時の主流であったのは、毛穴に針を入れ毛根に電気を流して発毛組織を壊す「ニードル脱毛」という方法でした。その特性上、痛みが完全にない施術というのは難しく、また痛みの感覚は人それぞれで違いますから、痛みに弱い人にとってはとても耐えられなかったのです。

それを私がなんとかするには、痛みなく脱毛できる新たなやり方を探さねばなりませんでしたが、そう都合よくはいきません。美容業界でそんな手法や機械があるなら、すでに脱毛をメニュー化していた同業他社が、とっくに導入しています。

それでも日々、壁を突破する新たなアイデアを考え続けていたところ、思いがけず身近なところにヒントがありました。美容業界は、医療とも関係が深い業界であり、美容クリニックを手掛ける医師も多くいます。美容整形手術をはじめ、医療免許がなければできない施術はいくつも存在し、私が経営しているような巷のエステティックサロンとはすみわけが行われています。ですが、美容という同じ目的を持った事業者同士ですから、参考になる部分は大いにあります。私も常々、美容医療の動向を気にかけ、最新の情報にアンテナを張っていました。

「クリニックで、針を使わない脱毛が流行り始めている」

知り合いの美容外科医との電話での雑談の中で、そんな話が飛び出したとき、私は思わず耳を疑いました。そしてその場でアポイントを入れ、翌日にはその医師のクリニックがある神戸へと飛んでいました。機械を見せてもらうと、確かにそこには針がありませんでした。

それでどうやって脱毛するのか尋ねたところ、肌に当てる部分からレーザーが出て、それにより発生する熱で発毛組織を壊すとの回答でした。より詳しく説明すると、毛の色のもととなるメラニン色素にレーザーが反応することで熱が発生し、それが発毛組織まで伝達していって脱毛につながる仕組みです。

痛みはあるのかという質問に、医師は首を縦に振りました。

熱による刺激を痛みとして感じることが多く、無痛とはいえないのです。ただニードル脱毛に比べればかなり痛みは少ないとのことでした。

儲かるのかについても聞いてみると、月5000万円ほどの売上のうち、半分はレーザー脱毛とのことでした。

その言葉に私は、一筋の光を感じましたが、同時に過度な期待は禁物であることも分かっていました。そのレーザー脱毛はあくまで医療用であり、医師がいなければ行えないものでした。医療用の技術を民間でも使えるようにするというのは、個人の力でそう簡単にできるようなことではありません。万一、その道があったとしても、実現には膨大な時間と労力を要するのは目に見えています。

ただだからといって、打つ手がないわけではありません。自分が知らないだけで、すでに世界のどこかで誰かがそのハードルをクリアし、新たな技術が生まれている可能性があるからです。

顧客の声にこそ、大きなヒントがある

私の親戚で、アメリカに本社がある医療機械メーカーで働いている甥がいましたから、私は試しに相談を持ち掛けてみました。レーザー脱毛機も扱っているというので、売ってくれないかと頼んでみたのです。しかし医療用のため、医師がいないと使えないとのことでした。そこで、民間でも使えるようなレーザー脱毛の機械を探してくれないかと頼みました。

そんなやり取りがあったあと、甥はほうぼう手を尽くしてレーザー脱毛機を探してくれました。そしてついに見つけたのが、医療用よりレーザーの照射レベルが低く、医師でなくても取り扱える「光脱毛機」でした。

当時はその機械が開発されて本当に間もないタイミングであり、おそらく私が最初の顧客であったと思います。自社を訪れた営業マンからいろいろと説明を聞き、これこそが自分が求めていたものだと手ごたえを感じましたが、問題は価格でした。１台１２００万円もしたのです。

実はその頃、エステティックサロンの経営がちょうど踊り場に入っていた時期で、新たな出店のタイミングとも重なり、会社に残ったキャッシュは１０００万円を切っていました。とはいえ、同じアイデアを持っている人は世の中に必ずいるもので、あとはスピード勝負になります。この機を逃せば、きっと同業他社がこの機械を買い付け、先行者利益を持っていくに違いありません。なんとしても手元の資金で、すぐに機械を手に入れる必要がありました。

私は関西人ですから、値段交渉は苦手ではありません。ちょっとまけてもらえないかと頼んでみると、いくらなら買ってくれますかと言われました。８００万円を提示しましたが、最新の商品を、いきなり3割も値引きできるわけはないとの回答でした。

渋る営業マンを説き伏せ、１０００万円までは値が下がりました。しかし、それでもまだ資金が足りません。なんとか８００万円にしてくださいと食い下がると、営業マンは諦め顔で、自分の裁量では１０００万円以下にはならないため、どうしてもというなら社長に直接電話してくださいと言いました。

私の会社がこの機械ありきで脱毛の事業を軌道に乗せればどんどん追加で機械を買わせてもらうこと、これがきっかけになって美容業界に広まっていく可能性も十分にあることを一生懸命説明し、先行投資と思って今回は８００万円で手を打ってほしいとお願いしました。

この話は、実はただの希望的観測ではありません。光脱毛機の存在を知った時点で、私はエステティックサロンに通ってくる顧客に対し声をかけ、痛みの少ない脱毛に興味があるか、もしメニューにあったら試してみるか、といったヒアリングを行っていました。そしてその結果、ぜひやりたいと答えた人が思いのほか多く、彼女たちが契約してくれるだけで売上にして４００万円はゆうに見込めるような状況だったのです。

２カ月で元が取れる計算であれば、新たな事業として有望であり、投資をする価値が十分にあると私は判断し、交渉に臨んでいたのでした。

最後には社長も、分かりました、あなたに賭けてみることにしましょうと言って折れてくれました。こうして８００万円で購入できた光脱毛機を、さっそく店舗に導入したところ、予想以上に大きな反響があり、１カ月も経たずに投資を回収できました。以降も脱毛事業は好調に伸びていき、すぐに自社の売上の牽引役となったのでした。

このように事業のアイデアというのは、何もゼロから発想しなくとも、顧客ニーズや異業種の動向など、今身の回りにあるものから着想を得るやり方もあるというのを、知っておいてほしいと思います。

時代の先を読みブルーオーシャンを探せ

人の困りごとや課題を解決するというのは、あらゆる事業の基本です。顧客の側からいうと、自分ではできない物事をお金を支払って解決してもらうということになります。身近な人の悩みに対し、もし自分がそれを解決できるスキルを持っていたり、解決できるであろう第三者とつながりがあったりしたなら、事業化につながる可能性があります。

ただし、すでに社会課題として明らかなものに対しては、当然ながらその解決を目指すライバルも無数に存在します。その中には、大企業や大学の研究機関も含まれ、個人的なアイデア一つで戦っていくのは難しい場合が多いです。ですから社会課題を事業のアイデアにつなげるなら、時代の一歩先を読むというのが重要になってきます。

例えば、すでに電気自動車は世界中に広まりつつあり、いずれはガソリン車にとって代わると考える人は多いですが、では電気自動車しか走っていない社会になったときには、どんな社会課題が新たに生まれるのか、と想像してみます。電気自動車には大容量のリチウムイオン電池が使用されていますから、これらのバッテリーのリサイクルと廃棄物処理が重要です。適切なリサイクルプロセスが確立できなければ、バッテリー廃棄物が環境に悪影響を及ぼす可能性があります。また、電気自動車用のバッテリーに必要なレアメタルやリチウムなどの資源は限られており、その代替技術をどのように開発するかも課題の一つになるはずです。

誰も予測できなかった天災、コロナ禍ですが、疫病が広まる様相を見せ始めた段階で、すでに社会の未来を見据えて動き出した起業家は何人もいたはずです。人と人が会えなくなっても仕事を回す必要があるのだから、きっとリモートワークが主流になるだろう、ではそのための環境は各企業でどこまで整っているのか――そうして未来社会の分析を行い、そこで出てくるニーズを発想していくというのも一つのやり方です。

あくまで例ですが、このように現在の技術がもたらす未来の姿を思い描き、そこで生まれるであろう課題やニーズから事業を着想する試みにより、結果として今はまだ世にない新たなアイデアが生まれる可能性があります。未来に目をやるばかりではなく、現在のトレンドを一つの切り口としても、新たなアイデアが見つかる場合があります。私が光脱毛機にたどり着いたのも、美容クリニックでレーザー脱毛がトレンドになりつつあると知ったのが一つのきっかけでした。

また、例えば都市部でトレンドになりつつあるビジネスをそれがいまだ知られていない地方へと持ち込んだり、その地方独自の文化を都市部へと広めたりと、「地域」

に着目してみるのもいいと思います。香川県では日常食であった讃岐うどんを全国に展開し成功を収めた丸亀製麺などは、その好例です。

とはいえ国内においては、トレンドになるかならないかといった前段ですでに、その業界に精通するどこかの企業がビジネスを興しているケースもよくあります。そこで併せて目をつけておきたいのが、海外です。海外で成功したビジネスモデルを日本に持ち込む（あるいはその逆）という手法は、タイムマシン経営といわれます。ちなみにこの呼び名は、自身もアメリカで成長中であったインターネット事業を日本に持ち込んで成功を収めた、孫 正義氏によってつけられたものです。

コンビニエンスストアやファストフードなど、実は私たちの日常にはタイムマシン経営によって世に広まったビジネスがいくつもあります。海外でトレンドとなりつつあるビジネスモデルのチェックを習慣とするのがいいでしょう。なおトレンドは、たとえ海外のものであっても、そのままトレースすれば成功するとはいえません。現代では、SNSなどの発展によって情報が瞬時に共有されるようになったため、タイムマシン経営が以前より成立しづらくなっています。そこで考えるべきなのは、ある業界でトレンドとなった事象を異業種で展開してみることです。

異業種同士の
アイデアや
技術を
組み合わせる

異業種のアイデアや技術を組み合わせることで、革新的な商品やサービスが生まれることがあります。そうした事例は枚挙にいとまがありません。

例えばスマートフォンのセンサーやアプリを活用して、心拍数や睡眠パターンをモニタリングするアプリや、医師と患者をつなぐプラットフォームなど、健康管理や医療の分野に新たなサービスが提供されています。同じく健康分野でいうと、フィットネスとゲームが融合し、運動をゲーム化してモチベーション高く取り組めるようなソフトが開発され、ヒットしています。

また、一次産業においても最新技術と組み合わせることで新たな進展が見られます。農業分野では、ドローンを使って農地を撮影し、センサーデータを収集して農作物の健康状態をモニタリングしたり、農薬の散布を効率化したりと、ドローン技術の活用が進んでいます。

魚の養殖でも、ＡＩによる機械学習で魚が餌を食べる状況をリアルタイムで評価し、画像解析によって魚の現在の食欲を自動で判定し、最適な量の餌を自動で与えるシステムが誕生しています。これまで人間の勘で行われていた作業が、ＡＩに置き換わっているのです。

こうして既存サービス同士の掛け合わせによって新たな着想を得るというのも、事業のアイデアを考えるための王道のやり方の一つといえます。

そのほかに、既存の商品やサービスについても、新たな切り口で売り出してヒットすることがあります。例えば、もはや市場が飽和状態で、あらゆるアイデアは出尽くしただろうと思われた缶コーヒー業界で、朝にコーヒーを飲む人が多いことに着目して生まれた「朝専用缶コーヒー」は、中身自体は従来の缶コーヒーと大きく変わっていないにもかかわらず、大ヒットしました。こうしてあえてニッチなニーズに特化してアイデアを考えてみるのも、一つの手です。

顧客の分母が大きい事業は、売上が立ちやすい反面、ライバルも多くよほど斬新なアイデアがないと戦うのは難しいものです。それよりもあえて顧客の分母が小さく、その分競争も少ないニッチ市場に目を向けることでも、新たなアイデアにつながる可能性を秘めています。

また、世の中のニーズやマーケットの動向とはあえて逆に動くこと、すなわち「逆張り」の発想も、切り口の一つです。例えば、世界的な動画配信サービスである

Netflixは、もともとウェブサイトによるDVDレンタルサービスでした。当時はそうしたレンタルサービスが花盛りで、ストリーミングサービスが成長を遂げると思っている人はほとんど存在しなかったはずです。ところがそこでNetflixは、郵送によるDVDレンタルサービスからストリーミングビデオへの移行をあえて行い、逆張りの戦略で成長を遂げたのです。

アップル社もまた、何度も逆張りの戦略を取ってきています。iPhoneの発売当初、スマートフォンは物理キーボードを持つ機種が主流でしたが、そのトレンドにあえて逆らい、画面上のタッチキーボードを採用しました。また、iPadの発売時にも、タブレット市場が低迷していた中、新たに参入して市場を作り替えるという逆張りの戦略を成功させました。

このように社会全体から幅広く情報を集め、さまざまな角度や切り口から物事を考えていくというのが起業アイデアの源泉となりますが、一方で自らの内側に目を向けることでも、時に新たな発見があります。これまでの経験やキャリアの中にも、事業の種が眠っている可能性があるからです。

例えば、ある業界で20年、30年と働き、一つの分野において深い知見を持っているなら、顧客のニーズや業界の慣習などを織り込んだうえで、どこにもないビジネスのアイデアを出せるかもしれません。

こう書くと、社会人経験がそれなりに豊富な人しか通用しないやり方に思えるかもしれませんが、実はそうではありません。

例えば、一人親家庭で育ち、親が仕事と家事で疲れ切っている様子をずっと見てきたとして、「同じように苦労をしている人の、家事の負担を少しでも減らしたい」という思いを抱くようになり、それを実現できる事業を模索した結果、一人親家庭に向けた料理の宅配サービスを立ち上げる、というように、自らの体験に基づいて、当事者ならではの視点から事業を着想するというケースもあります。

自らの経験やキャリアから事業アイデアを導くには、あらためて過去のたな卸しを行うといいと思います。生まれ育った環境、幼少期の経験、青春時代の挫折や思い、友人との約束、就職、結婚、子育て……思い出すままに書き出していくと、ずっと忘れていた記憶の引き出しが開き、アイデアにつながるかもしれません。些細なことであっても、気にせずとにかくアウトプットするというのがポイントです。その経験自体がありきたりであっても、他の経験と掛け合わせることで、新たな展開が生まれるかもしれないからです。

自分だけではなく、人を交えてアイデアを生み出すのも、効果的な方法といえます。自らとは違う経験の持ち主と、互いの思考を交錯させていく中で、思いもよらぬ発想が出てくるかもしれないからです。まずはさまざまな立場の人に会い、その話に耳を傾けていくとよいと思います。

一度や二度の起業がうまくいかないのは、当たり前

アイデアの実現自体が事業の目的ではないというのは忘れてはならないところです。起業において、目標を立てることは大切ですが、事業のアイデアとは目標の達成の仕方にすぎません。そして、目標達成という山の頂にたどり着くための道は、一つではありません。

これしかないと思っていたアイデアが、まったく芽が出ないまま終わるようなことは、しょっちゅうあります。しかしそれが山頂に至る唯一の道ではないと理解していれば、別の新たな道を見つけるべく、やり直せるはずです。

そうして多くの起業家が、一度や二度は引き返す経験をしていると思います。私自身、これまで道半ばで撤退した経験が何度もあります。最初の起業は、先輩に誘われて一緒に始めた、絵画の販売業でした。絵を仕入れ、営業をかけて買ってもらうわけですが、このときは明確な目標があったわけではなく、なんとなく「社長っていいな、楽そうだな」と思い、なりゆきに近い形で個人事業主となりました。

経営に関しては基本的に先輩任せで、自分なりの目算も戦略もないままスタートしたような事業が、簡単に成功するほど世の中は甘くありません。事業を始めてから３カ月ほどでまず先輩が辞め、１年ほどで手元の資金が完全に尽きて撤退を余儀なくされました。

その後、絵とともに仕入れていたアクセサリーの在庫が残っていたことから、宝石の輸入販売にチャレンジしてみました。これが2度目の起業です。

このときは、多少なりとも勝算がありました。知り合いを通じて紹介してもらった、キャバレーやクラブで働く女性たちをターゲットに売り歩くことにしたのです。この事業は月に30万円から50万円の売上が立ちましたが、大きな発展は望めそうもありませんでした。それで資金を貯め、次に始めたのが通信機器を販売するビジネスでした。

当時はちょうどコードレスフォンが出始めたタイミングであり、今後は必ずスタンダードになるだろうと私には思えました。そこでいち早く関連機器を仕入れて、企業などに売り歩く事業を立ち上げたという経緯があります。

このときの目標は、あくまでお金を稼ぐことです。

求人誌に広告を出し、営業マンを2人雇いました。私も含め3人で売り歩けば、最低でも個人でやっているときの2倍は売上が出るはずだというのが、私の目算でした。

ところがいざ始めてみると、2倍どころか2人合わせて私の半分の売上にすら届きません。かといって社員たちが手を抜いて仕事をしているようにも見えず、私は首をひねりました。

今考えれば、売れないのは当然です。

なぜなら、私は社員たちに対し、何一つサポートを行わなかったからです。

個人事業でずっと営業を続けてきたおかげで、私の中で営業マンといえば独立独歩の存在で、誰しもが自らのスタイルを持っているものだと勘違いしていました。

また、自らの営業ノウハウを伝えようにも、勘と経験に頼ってきたおかげでノウハウがまったく体系化できておらず、結果として社員たちに何もアドバイスができませんでした。それには自分も愕然としました。

社員の側からすれば、なんの指導も受けずにただ「売ってきてください」と言われ続けても、困惑するだけです。当然ながらそんな職場で長く働こうとは思いません。結果として、せっかく縁あって私のもとに来てくれた社員たちは、1カ月すると2人とも辞めていきました。これには本当に自信をなくしました。

営業力を活かして売上を作るような個人プレーの世界で生きてきた私には、人を教え導くマネジメント力が不足していたのです。

結局のところその事業も、それから1年ほどは個人でやっていましたが、最終的に撤退せざるを得ませんでした。その後、私は自分の営業力を評価してくれたとある会社に入り直し、そこでマネージャー職を務めることで、組織とはどんなものか、マネジメントはどのように行うべきかというのを実践で学んでいきます。そんな中で、人を教え導く喜びもまた知ったのでした。

そうしてひととおりの経験を積んだのち、満を持して飛び込んだのが、美容業界でした。具体的には、補正下着やパンティストッキングなど女性ものの美容商品を扱うことにしました。なぜなんの知見もないのに美容業界に飛び込んだかというと、最大の理由は、女性が美容にかけるお金が経済を回していると感じたからです。また、人類が存続している以上、女性の「美しくなりたい」という願望は消えることはないと思います。

なお前職で私を慕ってくれていた部下たちが、私の独立に合わせて退職し、何人かついてきてくれました。そこで私の目標も、「自分がお金を稼ぎたい」から、「みんなにしっかり給料を払いたい」という利他的な方向へと変わっていきました。今思えばそれもまた、経営者としての成長の一つであったと思います。

最初こそ順調に事業は伸びていったのですが、次第に雲行きが怪しくなりました。営業マンが直接家々を回る訪問販売に対する、世間の風当たりが強まってきたとともに、事業の軸であった補正下着の販売というマーケット自体も、どんどん下り坂になっていったのです。このままでは、きっと座して死を待つだけになると私は感じていました。身動きが取れなくなる前に、事業を方向転換する必要がありました。売り歩くのが難しいなら顧客に来てもらうしかないだろう、では多少なりとも知見や人脈のできた美容業界で、自分ができることはなんだろう……。考えに考え、市場調査や顧客分析を行い、たどり着いた答えが、エステティックサロンでした。

その頃すでにエステティックサロン自体は存在していましたが、ちょうどそのマーケットがどんどん伸びていくタイミングでした。その波にうまく乗れ、かつ組織としても着実に統制が取れてきたことで、ついに起業を成功へと導くことができたのでした。1店舗目を立ち上げた当時の私の年齢は38歳でしたから、若き起業家が増えつつある現代においては、ずいぶん遅咲きといえるかもしれません。

実はここに記した以外にもいくつもの事業にチャレンジしてきたものの、そのいずれのアイデアも種のまま芽吹くことなく朽ちていきました。ただ逆にいうと、そうした経験のすべてが養分となったおかげで、エステティックサロンという事業を芽吹かせ、花開かせることができたのだといえます。アイデアを常に考え続け、やれそうなものはとにかくチャレンジしてみるという姿勢、そして何より、起業家として必ず成功を収めてみせるという執念があったからこそ、今の自分がいると感じます。

現在活躍している起業家の人たちの中にも、最初はうまくいかず、試行錯誤を続けてようやく花開いた人は少なくありません。例えば世界初となるモバイル専門のコンテンツプロバイダを設立し、それを東証一部上場まで育て上げたＫＬａｂ株式会社の真田哲弥会長は、学生時代に運転免許学校の斡旋ビジネスを起業しました。けれども赤字で退任に追い込まれたり、その後立ち上げた事業が廃業し十数億円の借金を背負ったりと、まさに波乱万丈の人生です。しかしその経験のすべてを力に変え、執念をもって起業を続けたからこそ成功をつかめたのです。

一度や二度の起業がうまくいかないのは、当たり前と考えておくべきです。大切なのは、失敗の経験から学び、足りない能力を補い、さらなるアイデアを出し続けていくことです。そうやってスキルアップしていけば、自然に成功の確率が上がっていき、いつか必ず成功に通じる扉へとたどり着いて、目標を叶えることができるのです。

第3章【キャッシュ】

金が欲しいから起業するのは
大いに結構
いっときの金儲けで終わるか、
稼ぎ続けられるかは
金への向き合い方で決まる

やりたいことで、お金を稼げるとは限らない

事業を立ち上げ、運営していくにあたって最も重要となるのが、お金との向き合い方です。事業とは切っても切り離せないお金という存在をどのように考え、どう活用していくかで、事業の成否が決まるといっても過言ではありません。

まず、起業の前提として理解しておかねばならない現実があります。

それは、「自分がやりたい事業でお金を稼ぐのは、かなり難しい」ということです。

起業にあたり、世の中をより良く変えたい、困っている他者を助けたいという理念を抱き、それを最大の目的とする人もいると思います。もちろんそれは素晴らしいことですし本来、起業家はそうあるべきかもしれません。

しかし、いかに素晴らしい目的を持った事業であっても、軌道に乗せることができなければ世に広まることはなく、会社が潰れてしまえばそれまでです。そして会社が倒産する原因のほぼすべては、お金の問題です。

起業の際にも、ただやりたいことを現実のものとするという発想のみで臨んでしまうと、収益化にこぎつけられずに撤退を余儀なくされる可能性が大きいです。

「儲からなくとも構わない、とにかくやりたいことができればいい」という人もいると思いますが、どんな事業であっても、それを運営し、かつ自らが暮らせるお金は最低限、稼ぐ必要があるわけで、お金とは無関係ではいられません。

例えば、事業を続けていくための必要経費が月に20万円、自分の生活にかかるお金が20万円とするなら、黙っていても月に40万円のお金が消えていきます。手元の資金が尽きたあとには、最低でも月40万円の収入を得られる事業でなければ、継続は不可能であるといえます。

理念のみを追求し利益度外視で事業を動かそうとしても、なかなかうまくいかない……このあたりが事業の難しさであり、お金と理念のバランスを取りながら経営を行っていく必要があります。したがって事業アイデアの段階から、果たしてそれでどれくらいのお金を稼げそうか、しっかりとシミュレーションしておかねばなりません。

事業アイデアの基本となるのは人々の困りごとや課題であり、「こんなことができたらいいな」「こんなものがあったらいいのに……」という声を集め、解決することです。

ただし、そんなアイデアが見つかったからといって事業が成功するとは限りません。その一番の理由が、お金になるかどうかなのです。自らが目をつけた、人々の困りごとや課題があったとして、それが果たしてお金を支払ってまで解決したいものなのか、見極められるかが勝負といえます。

これを言い換えるなら、その困りごとや課題が人々にとってどこまで切実であるかを熟考することです。

多少の不便を感じているけれど、身銭を切るほどではない、というレベルであれば事業としては成り立ちません。

また、少しならお金を出してもいいけれど、高い出費をしてまで解決する必要性を感じないというパターンもあります。そうしたケースでは、客単価を低くしなければ商品やサービスに興味を持ってはもらえません。自らのやりたいビジネスモデルが高単価・高利益であるなら、事業にも相応の有用性が求められるわけです。

お金については「まあなんとかなる」などとは考えず、どうやって収益を得るのかをできる限り具体的に想定しておくというのが大切です。

もう少し視野を広げるなら、お金になる事業を考案するというのは、いわば他者をいかに満足させるかについて掘り下げていく行為ともいえます。

起業をただの自己満足で終わらせないためにも、自分のやりたいことより、世の中が求める（お金を支払ってもいいと思う）ことを優先して探すことが必要なのです。

融資か出資か……
資金調達の
主流を知る

当たり前の話ですが起業にはお金がかかります。そして一般的にいって、事業では収入の前に出費が先行します。商品を売るには、まずは商材を準備する必要がありますし、焼き鳥店を始めるにしても、店舗や調理器具、食器などをそろえなければなりません。

既存市場参入型のビジネスの場合、飲食業のように事業を始めたその日から売上が立つであろうものもありますが、市場創出型ではどれほどの期間で事業の芽が出て、いつどれくらいの収入が得られるのかは不透明であり、完璧な資金計画など立てられないのが通常です。

いくら素晴らしい理念や、有望なビジネスプランがあっても、少なくとも事業から収入が得られるようになるまでの間しのげるお金がなければ、自らの生活にも事欠き事業など続けられません。とはいえお金がなくなるのが不安だからとあまりに準備に時間をかけすぎるよりも、数カ月しのげる資金ができたらとりあえず起業し、あとは走りながら感触をつかんでいくほうが、ビジネスチャンスを逃さずに済むものです。

このように起業にあたって、お金にまつわる悩みはつきものです。それを解決するには、まず資金調達の基礎について知っておかなくてはいけません。起業をする際にかかる資金のすべてを自らまかなえるなら、それは一つの理想ではありますが、仮に何千万円も必要なら、その費用を自分で用意できる人はそうそういないはずです。まずは個人事業として、数十万円の自己資金で小さく始めるという手もありますが、商品や店舗の準備が必要であったり、人の手を借りたりしなければ収益化が難しいような事業であるなら、どうしても出費がかさみます。

そうして自己資金が不足している中でも起業に踏み切るなら、第三者からの資金調達を行う必要が出てきます。オーソドックスな資金調達の方法として挙げられるのが、融資と出資です。融資とは、すなわち借金であり、いずれ利息をつけて返さねばならないお金です。一方の出資は、自社の株式の購入代金として資金を受け取るものであり、原則的に返さなくてもいいお金といえます。

こう書くと単純に出資を受けるほうが有利に思えるかもしれませんが、デメリットも存在します。出資を受けるということは、会社の所有権を細分化した株式を手放す行為ですから、お金を返す必要がない代わりに、会社の支配権を出資者に渡さねばなりません。そして一度、株を売却してしまえば、その後資金に余裕が出たからと自分の都合だけで買い戻すこともできなくなります。

その点、融資であればオーナーシップとは多くの場合無関係であり、お金さえ返せばあとは自由に事業を動かしていけます。ただし、一般的な融資の条件として、会社が借金を返せなくなった場合には経営者個人がその返済義務を負う個人保証という仕組みがあります。そして個人保証がついた融資を焦げ付かせてしまうと、その借金は自分の資産から支払うことになり、もしそれで返済ができなければ自己破産するしかありません。融資にはそうしたリスクがあるというのは知っておくべきです。

ここで視点を、資金を用意する側に移して考えてみたいと思います。なぜ融資をするのかというと、基本的には利息を取るためです。貸したお金が返ってくるというのは前提として、プラスアルファの収入となる利息によって、融資という制度は成り立っています。この場合、貸し手としては、融資をした会社がいくら成長しようが、停滞しようが、利息の金額は決まっています。したがって融資の審査にあたっては、その会社の将来性や成長性よりも、安定性や確実性を重視します。その意味で融資とは貸し手にとって、ローリスク・ローリターンのビジネスです。

出資については、そのとき購入した株式がいずれ値上がりしたときに売却し、利益を得るというのが主な目的となります。つまり出資した会社が成長すればするほど株価が上がり、利益も大きくなります。ただし起業で成功する会社の数はそう多くはなく、事業がうまくいかず倒産に追い込まれるケースもよくあります。そうなると出資者は損を抱えることになり、ハイリスク・ハイリターンのビジネスといえます。

こうした性質は、資金と調達する側がアピールするポイントの違いを生みます。融資という選択をするなら、過去の実績や自己資本比率など、確実にお金を返すことができるという証明を行うのが最優先です。一方の出資では、目の前の安定性よりも、将来いかにこの事業が成長するか、どうやって収益を伸ばしていくかといった、未来の姿を示すことに力を入れなければなりません。

では起業にあたり資金不足なら、融資を受けるべきなのか、それとも出資を受けるべきかというと、事業のあり方によって最適解が変わってきます。例えば大企業から独立して事業を立ち上げるような人が、すでに古巣から仕事を受注できており、つつがなく完了すればいつ入金があるかも分かっているとするなら、それはお金を借りても返すことができる根拠となるものです。融資に応じてくれる金融機関が出てくるかもしれません。

また、アプリを開発して世にない新たなサービスを展開するようなケースだと、そもそものサービスで顧客を獲得できるかすら分からず、どの時点でどれほどの収益が上がるかも予想がつきません。したがって、着実にお金を返済していかねばならない融資よりも、株式を売って出資を得るのを当てにしたほうが、のちの経営が楽になります。その代償として、会社の所有権をある程度渡すのはやむを得ません。

なおここでは、融資や出資を受けられる有望な事業であることを前提として比較検討していますが、当然ながら自らが融資や出資を望んだところで、そう簡単に審査が通るわけでも、自社株を買ってくれる人が都合よく現れるわけでもありません。それもまた起業家が超えねばならないハードルの一つであるといえます。

お金を集める手段は、何通りもある

融資や出資を望むなら、どんな相手と交渉すべきなのかについても知っておく必要があります。融資の最大の担い手であるのは、銀行をはじめとした金融機関ですが、3年以上の社歴がないと融資対象にはならないといった制限を設けている場合も多く、起業の段階で直接、融資を受けるのはなかなかハードルが高くなっています。

そこで活用を考えたいのが、公的機関による支援です。

例えば日本政策金融公庫によるスタートアップ支援資金をはじめとした各融資制度や、自治体があっせんする創業融資制度など、資金調達の直接的な助けとなる制度はいくつも存在します。経済産業省が配布している「スタートアップ支援策一覧」には、補助金や融資などスタートアップ企業の成長を直接サポートする支援策から、スタートアップ企業の成長を応援する投資家・研究機関・大学・自治体の活動を支援する制度まで計69の支援策が盛り込まれており、自らの事業を対象とした支援策が見つかるかもしれません。

また、各都道府県に設置された信用保証協会も活用を検討すべきです。信用保証協会は、主に中小企業や個人事業主などの事業者が銀行や金融機関からの融資を受ける際に、その返済能力や担保の不足などの理由で融資を受けにくい状況にある場合に、代わりに保証を提供する公的な組織です。

その保証を受けることで、事業がうまくいかず借入金を返済できなくなったとしても、信用保証協会が事業者に代わって金融機関へ借入金を弁済してくれます。ただし保証は無償ではなく、見返りとして信用保証料を支払う必要があります。

信用保証料の計算方法は借入金の返済の仕方などによって細かく区分されています。金額の目安を知りたいなら、東京信用保証協会のホームページに保証料の簡易シミュレーションがあるので、利用するといいと思います。

なお、信用保証協会からの保証を得てからは、実際に融資をしてくれる金融機関との交渉になりますが、そこで候補となるのはいわゆるメガバンクより、地方銀行や信用金庫といった地域密着型の金融機関です。

そもそもメガバンクでは、新設法人だと取引用の法人口座の開設すら難しいものです。資本金などの条件が厳しく、事業計画書を求められる可能性もあるなど一筋縄ではいきません。面接にこぎつけるだけで1カ月も時間がかかるケースもあります。

そのような状況で、あえてメガバンクを利用しようとするよりも、審査のハードルが比較的低く、新設法人でも口座開設をしやすい地方銀行や信用金庫をパートナーとするほうが一般的かもしれません。事業を続けていくうえでも、中小企業への融資に積極的なのはやはり地方銀行や信用金庫のほうで、日頃から良好な関係性を築いておいて損はありません。

最初から融資を受けると決めているなら、できるだけ早く地方銀行や信用金庫に個人口座を開設して、つながりを持っておくといいと思います。逆にいうと、個人として取引を続けてきた地元の金融機関があるなら、そこで法人口座開設や融資の相談を行うほうがスムーズに話が進むはずです。金融機関としても、長く個人として取引してきたという事実が信用材料の一つとなるため、まったく知らない相手に比べれば審査を通しやすいのです。

続いて出資に関してですが、有力な候補となるのがベンチャーキャピタル（ＶＣ）であり、特に市場創出型のビジネスならまず検討すべき出資先といえます。ＶＣは通常、スタートアップに特化したハイリスク・ハイリターンな投資を行う機関であり、単に資金を出すだけではなく投資先の経営に積極的に関与して企業価値を高める取り組みを行うこともあります。アメリカでは一般的な資金調達先の一つですが、日本ではまだまだその数は多いとはいえません。

ＶＣには、証券会社や銀行が母体となっている金融系、特定の親会社を持たない独立系、公的資金をもとに投資を行う政府系、大学発のベンチャー企業を支援する大学系、特定の都道府県や市町村にある企業を対象とした地域系などの種類があり、それぞれ特徴が異なります。

日本のＶＣの多くは金融系に該当するといわれており、投資実績も多く、資金力を背景とした大規模な投資を実施することも可能です。投資対象は幅広く、ベンチャー企業から成長分野の企業まで集中的に投資を行うケースも見られます。

近年、国内にも増えている独立系ＶＣは、それぞれの会社の方針が大きく異なるため、投資対象とする事業領域・事業ステージなどはさまざまです。特定の企業や業界に縛られることなく投資活動をしています。政府系ＶＣは、国内において優れた技術力を持つ未上場企業への投資など、中小企業の支援や国内産業の活性化、グローバル化といった日本の発展に貢献する企業を対象に活動しています。大学や研究機関から生み出された最先端の研究・技術シーズの社会実装に挑むスタートアップやベンチャーなどに対して、必要とされる支援や出資をするのが大学系ＶＣです。そして地域系ＶＣは、その地域の金融機関が出資者としてファンドに参加している場合が多く、地域の産業振興や技術革新のサポートを主な目的として出資を行います。

こうしたＶＣのほかに、エンジェル投資家と呼ばれる個人資産家も、出資先の候補となります。エンジェル投資家の多くは、自らも経営者として成功を収めたり、外資系企業や投資銀行で大きな資産を築いたりした人々で、次世代を担うスタートアップを支援したい、特定の業界を盛り上げたいといった動機で出資を行うことが多いです。しかしだからといってボランティアではなく、もちろん起業家にはリターンも期待されます。

相性の良いエンジェル投資家が見つかると、資金だけではなく、自らの経験に基づいて事業に対するアドバイスがもらえたり、人脈を活用して事業のパートナーや新たな投資家を連れてきてくれたりと、さまざまなサポートを受けることができるかもしれません。

なお近年は事業会社もスタートアップに対し積極的に投資を行うようになってきています。大企業を中心に、コーポレートベンチャーキャピタルと呼ばれるスタートアップ専門の投資部隊を抱えるところも増えてきた印象です。有名企業からの出資は、自社の知名度や信用度の向上につながるため、基本的には歓迎すべきことですが、単なる出資にとどまらず、協業が前提となるケースもよくあり、良くも悪くもその企業の色に染まってしまいやすくなるというのは知っておいてほしいところです。

そのほかに、さまざまな機関によって開催されているスタートアップ向けのビジネスプランコンテストも、資金調達につながることがあります。コンテストの賞金自体はさほど高額とはいえませんが、出場や入賞をきっかけに投資家や事業会社の目に留まり、出資が受けられるケースがあるのです。

そしてもう一つ、近年盛んに実施されるようになったクラウドファンディングも、試して損のないやり方といえます。クラウドファンディングは、インターネット上のプラットフォームを通じて、個人や団体がプロジェクトや事業の資金を募る仕組みです。もともとは音楽や映画などのアーティストに対する活動支援のプラットフォームとして広まりましたが、近年ではスタートアップの資金調達にも活用されるようになり、時に数億円規模の資金が集まることもあります。

出資者は、例えば事業者の「こんな製品を開発したい」という希望に対し、それが完成した暁には割安で購入することができる権利を得たり、プロジェクトへの投資や融資を行うリターンとして株式や利子・配当収入を得たりと、いくつかの種類があります。

事業者は、自分たちがどのようなプロジェクトを行っており、どのくらいの資金をいつまでに用立てる必要があるかを公表します。その内容を見て、資金を提供したいと思う人がいれば、プラットフォームにお金が振り込まれますが、目標とする金額が所定の期日までに集まらなければ不成立となって、お金は出資者へ返還されます。

結局のところ、お金の問題は避けて通れぬものですから、できる限り早めに方向性を決めておき、事業に打ち込める状況に持っていきたいところです。

お金の流れを分析する、会計の知識を身につけよ

資金の目途が立ち、いざ起業するにあたっては、経営において実際にお金を扱う方法、すなわち会計について知っておくべきです。

私も最初は、会計の知識などないままに事業を立ち上げ、どんぶり勘定で経営を行っていましたが、気づかぬうちに無駄や非効率が生まれ、損をしてしまうことが多かったです。また、会社組織を作ってあらためて感じたのは、売上や利益だけではない、より細かな会計項目の重要性です。それらの数字を分析しなければ、事業のどこにウィークポイントがあるか、課題が把握できません。それも経営において会計の知識が必要である大きな理由といえます。

ある程度の組織規模で事業を行っている会社なら、経理部など日々のお金の管理を担当する部署があるものです。起業してすぐは、経理担当者を雇う余裕などなく自らお金の処理をしなければならないことがほとんどだと思います。支払いや請求、税の申告といった経理処理は、会社設立の直後から発生するものであり、しかも誤りがあってはならないため、できれば早めに経理担当者を雇うか、社員に兼任してもらうなどして、一元的に管理すべきです。

ちなみに会計と経理の違いに関しては明確な基準はないのですが、経理は会計業務のうち、取引の記録・管理・決算書を作成する部分まで指すことが多く、会計の中の一業務として経理があるといえます。

また、会計や経理と似た言葉として財務がありますが、その内容はまったく異なります。財務とは、融資や出資による資金調達、資金の運用、キャッシュフローの分析、予算編成といった業務を指し、会社の将来のあり方や経営戦略と密接に関わるものですから必然的にそれを担うのは経営陣となります。企業の中には、財務を専門的に担当するＣＦＯ（最高財務責任者）を置くところもよく見られるほど、重要な業務といえます。

そして財務管理をしっかりと行うためには、その前段階として、会社のお金の出入りを記録する会計業務について理解しておかねばなりません。経営において、会計は経済的な活動を計測、記録、分析し、それらの情報を管理者や利害関係者に提供するための体系的なプロセスを指します。資金の流れや資産、負債、収益、費用などの重要な要素を追跡し、企業の財務状態や業績を評価するための基礎となる情報を洗い出します。なお会計には大きく二つの種類があります。

●財務会計

企業の財務状態や業績を外部の利害関係者（株主、債権者、税務当局など）に報告することを目的とします。国際財務報告基準などの会計基準に従って、貸借対照表、損益計算書、キャッシュフロー計算書といった財務諸表を作成します。すべての会社は、決算を経て税金の申告をしなければならず、そのために財務会計は必須業務です。

●管理会計

経営陣による意思決定や計画立案にあたっての会計的な情報を提供することを目的に行われる会計です。あくまで任意で行い内部で活用するものなので、基本的にフォーマットは存在せず、自社に必要な会計情報を集めて作成します。

会計業務を、外部の税理士や経理担当者に丸投げという経営者もいると思います。起業にあたっても、最初から力を入れる人は少ないように見受けられます。しかし、会計とはすなわち会社のお金の流れを表すものであり、経営戦略を作るうえでも欠かせないものです。義務だから仕方ないと誰かに任せるのではなく、自らも基本的な知識をつけたうえで数字を分析し、経営判断のよりどころの一つとすべきです。

財務三表を読み解けるようになれば、経営の精度が上がる

財務会計の際に作成する、1年間の企業の財務状況を外部に報告するための決算書類である「財務諸表」は、会社の業績や財務状況などのお金の流れを一定のルールのもとでまとめたもので、企業の通知表ともいわれています。

いくつかある財務諸表の中でも、経営者がしっかりと分析しておくべきなのが、「貸借対照表」「損益計算書」「キャッシュフロー計算書」の三つであり、これらは財務三表と呼ばれます。

●貸借対照表（バランスシート）

企業の特定の時点（通常は会計期間の末日）における資産、負債、純資産の状況を示す書類で、英語表記「Balance Sheet」の頭文字を取り「B／S」ともいわれます。

現金、預金、債権、在庫、不動産、設備などの資産は通常、流動資産（1年以内に現金化されるもの）と固定資産（1年以上保有されるもの）に分類されます。支払い予定の債務、未払いの請求書、借入金、未完了の税金といった負債も流動負債と固定負債に分かれます。

自己資本は企業の所有者によって提供された資金や過去の利益を示し、発行済株式の資本金や剰余金、純利益などの要素で構成されます。貸借対照表を通じて、企業の資産と負債、自己資本の関係が見え、財務状況を評価できます。

●損益計算書

企業の特定の期間（通常は会計年度）における事業の収入と、かかった費用を示す書類です。英語表記の「Profit and Loss Statement」を略して「P／L」とも呼ばれます。

事業における収入と収支は、普段の買い物とはわけが違い、売買の成立から実際に収入や支出として現金が動くまでにタイムラグが発生しがちです。それらをしっかりと把握するのに整理が必要となります。損益計算書には収益、費用、そして利益という三つの指標が記され、企業の経営状況が見て取れるようになっています。いずれの指標も大切ですが、特に利益の内容を分析できるのが経営において役立ちます。具体的には、利益を「売上総利益」「営業利益」「経常利益」「税引前当期純利益」「当期純利益」の五つに分けて記載していきます。

【売上総利益】

企業が商品やサービスの販売によって得た収入から、その商品やサービスの直接的な生産費用を差し引いて算出する事業利益です。この額が高いほど、生産効率が高くコスト管理もうまくいっていると考えられます。

【営業利益】
企業の売上高から直接的に関連する営業費用を差し引いた金額です。営業費用には、原材料費、人件費、製造費、広告宣伝費、一般管理費などの営業活動に直接関連する費用が含まれます。企業が営業活動によって生み出した利益を表す数値であり、高いほど儲ける力の強い企業と見ることもできます。

【経常利益】
売上総利益から、オフィスの賃料や光熱費、減価償却費、研究開発費といった、営業活動には直接関係しない費用を差し引いて算出するもので、実質的な利益を反映します。高い経常利益は、経営の健全性や収益性の良さを示唆するものです。

【税引前当期純利益】

企業が年間で得た収入から、税金以外のすべての費用を除いた利益です。あくまでも税金を納付する前の数字ではありますが、企業活動による実質的な利益がどれくらいだったかを確認できます。

【当期純利益】

税引前当期純利益から法人税などの税金を差し引いた利益です。この数字が最終利益を表し、プラスであれば黒字、マイナスなら赤字となります。

●キャッシュフロー計算書

特定の期間（通常は会計年度）における企業の現金の収入と支出を詳細に示した書類で、企業の現金収支状況や資金の運用状況を把握するのに役立ちます。

キャッシュフロー計算書は通常、「営業活動」「投資活動」「財務活動」という三つから構成されます。営業活動によるキャッシュフローは、企業の営業活動によって生じた現金の流入と流出を示します。売上高から支払いのための原材料費や人件費、税金、利息などの経費を差し引いた純現金収入が含まれます。投資活動によるキャッシュフローでは、企業が資産を取得または売却することによって生じた現金の流入と流出を表します。例えば、新しい設備の購入や既存の設備の売却、他社への投資などです。そして財務活動によるキャッシュフローは、企業が資金調達のために行った活動によって生じた現金の流入と流出を示し、株式や債券の発行、株主への配当支払い、借入金の返済などがこれにあたります。

こうして企業の現金収支状況を明確にし、企業の運用資金の状況や財務的な健全性を評価するための重要な情報源となるものです。

これら財務三表は、ただ外部に示せばそれで役目は終わりというものではありません。数字のどこかに問題があれば、それを構成する要素をより詳しく分析していくことです。そうしてどこに課題があるのかを突き止めて改善していくことができれば、より事業が磨かれるはずです。

管理会計で、
自社の現状を
リアルタイム
につかむ

管理会計については、それなりの規模の中小企業であっても実施していないケースもあり、経営者によって要不要の判断が分かれるところです。ただ、事業の細かなお金の流れを把握するというのは、正しい経営判断には欠かせないものです。したがって管理会計とは、経営陣が事業を運営するうえでの意思決定を支える存在の一つになり得るもので、例えば商品やサービスの価格設定や、部門別の収益性の分析、より効率的なコスト管理などを行う際に活用できます。

財務会計が、1年間の企業活動をまとめた通知表であるのに対し、管理会計は基本的にその企業の現在の姿を表すためのものです。経営に関する意思決定で重要なのは、「現在、自社がどのような状況におかれているか」という情報であり、迅速な意思決定を実現するためには、できるだけ自社の現状をリアルタイムで把握しなければなりません。

そこで管理会計の出番となります。例えば月次決算のように短い期間で管理会計を行い、業績を確認するルールにしておけば、問題に素早く対処できますし、計画や目標がどの程度達成できているかも細かくチェックできます。ただそのためには、必要なデータを算出する体制やシステムの構築が求められ、既存の業務を変更しなければならない部分も出てきます。

管理会計上の会計情報は、あくまで会社内部で任意で使用するものです。いつ、どんな項目で管理会計を実施するかは各社さまざまであり、自社に最適な管理会計制度を構築していくこととなります。とはいえどの会社においても重要といえる代表的な管理会計の項目はいくつか存在します。その一例を挙げておきます。

【予算】

特定の期間（通常は会計年度）における収入や支出、利益などの計画を示した金額です。予算は組織の目標や戦略に基づいて策定され、実績との比較を通じて業績評価や問題の特定、意思決定の支援に用いられます。

【標準原価】

製品やサービスを生産する際の標準的な費用や資源の予想される金額です。標準原価を設定し、実績と比較することで、生産の効率性やコストの逸脱を評価することができます。

【変動費用】

生産量や売上高などの変動に応じて変化する費用のことです。変動費用は、製品やサービスの生産量の増減に応じて直接変動する費用であり、管理会計においてコスト削減や収益最大化の計画に活用されます。

【固定費用】

生産量や売上高などの変動に関係なく一定の金額で発生する費用です。固定費用は、製品やサービスの生産量の変化に対して増減しないため、経営者が収益性やコスト構造を評価する際に重要な要素となります。

【商品別収支分析】

各商品やサービスの収益性を評価するための手法です。商品ごとに収入、変動費用、固定費用などを分析し、利益寄与度やマーケティング戦略の評価に活用されます。

このような項目を用いて、分析を進めていきます。

税務申告は専門家の手を借りる

会計を理解し、お金の流れから経営状況を把握、改善するというのは経営者の能力の一つですが、起業したばかりとはいえすべてを自分で管理する必要はありません。

決算と税務申告については、仮に自らの会計知識の延長でなんとかこなせそうだと思っても、専門家である税理士の力を借りるべきだと考えます。いくら会計知識に自信があったとしても、税法というのはしょっちゅう更新され、その都度新たな知識を仕入れなければなりませんから、やはり手間がかかります。お金がもったいないからと、なんとか自分でやろうとする人もいるかもしれませんが、むしろそこにかける時間のほうがはるかにもったいないと私は思います。そんな時間があるなら、立ち上げたばかりの事業を軌道に乗せるための努力をしたほうがはるかに賢明です。

税理士は、ただ自分の代わりに税務申告をする存在ではありません。帳簿のつけ方から資金繰り、節税の仕方まで、お金に関するアドバイスをしてくれるプロフェッショナルです。税務署が調査に来た際にも、一緒に立ち会ってもくれます。ですから経営に不慣れな起業時こそ、税理士を頼るべきなのです。

とはいえただでさえ資金に余裕がないのに、いきなり顧問料の高額な大手税理士法人に依頼するのは現実的とはいえません。インターネットなどで、少しでも値段が安い税理士事務所を探すことになるはずです。

なお、企業もしくは個人が税理士と契約するにあたって、その形態は「スポット契約」か「顧問契約」のどちらかとなります。スポット契約は、例えば決算期に決算申告をしたり、個人のために確定申告を行ったりと、特定の業務を担う契約です。顧問契約は、月々などで顧問料を支払い続ける代わりに、契約した内容の業務や定期的な相談を行うものです。契約内容にもよりますが、相談する頻度は月に1、2回が目安です。それを超えると、追加料金がかかることもあります。

事業規模がそこまで大きくなっておらず、経理の体制もしっかりと構築でき、正確な帳簿記帳のもとで業績を把握できているなら、スポット契約でも十分かもしれません。決算や税務申告のみを任せるような契約も可能です。その場合の費用の目安は、顧問契約料の6カ月分ともいわれ、10万円から30万円に収まることが多いようです。

企業規模が大きくなるほど、税務処理は複雑になり、時間と人手がかかるようになります。事務作業に割く時間を軽減し、本業に専念したいなら顧問契約が良いです。顧問契約を結べば年間を通じて専門家のアドバイスが受けられますから、その時々の資金面における課題の相談も可能です。顧問契約の相場は月額3万円前後が一般的とされています。

ただ、スポット契約でも顧問契約でも、インターネットで検索をかければ、相場よりも明らかに安い金額を打ち出しているところがすぐにヒットするはずです。例えば顧問契約なら、月額1万円以下という税理士事務所もいくつも見つかると思います。

税理士に支払う報酬は、２００２年の税理士法改正によって金額が自由化されて以来、事務所ごとに費用に大きな差が出るようになりました。ちなみに税理士の登録者数は、全国にあるコンビニエンスストアの店舗数よりも多く、競争が激しくなっています。また、会計ソフトの普及などで業務の負担が減ったこともあって、低価格路線に舵を切っている事務所も数多くあるというのが現状です。

そうした状況下では、「安かろう悪かろう」のことわざどおり、極限までサービスの質を切り詰めることで低価格を実現しているところもあります。ただ、これは何もぼったくりというような話ではなく、顧問料が月に1万円を下回るような場合、コンビニエンスストアでのアルバイトでも1日ほどで稼げるような額面ですから、それで専門家による高品質なサービスを望むのは無理があります。

低価格を実現できている理由はさまざまでしょうが、代表的なところを挙げるなら、基本料金は安く設定しつつ、相談内容によって細かくオプション料金などがかかるケースがあります。最初の1年はお試し的に顧問料を低くして、2年目以降は相場の価格に戻すような仕組みを取っているところもあります。

また、低価格を実現している事務所の料金の中に含まれていないことが多いのが、使用する経理ソフトの代金です。その更新に4、5万円もの出費を要する可能性もあり、事前に確認が必要です。

ネガティブな理由としては、所属する税理士の質がそこまで高くない可能性も捨てきれません。そのあたりは、ネット検索だけではなかなか見抜けないものです。

確実性を求めるなら、やはり相場の料金を支払ってそれなりの事務所に依頼するのが正攻法ですが、事業立ち上げ当初から月に3万円ものお金を払うのはなかなか厳しいと思います。初めはスポット契約の利用から検討するのがいいかもしれません。もし周囲に起業家の先輩がいるなら、起業時にはどのように税理士と付き合っていたか、どんな事務所がおすすめか、といった情報収集をするといいです。

このように、起業時から税理士とのお付き合いを考えておくべきですが、税金がらみですぐに自分でやったほうがいいことがあります。

それは、青色申告の申請承認書の提出です。

この提出を行うことで、1期目の赤字を翌年に繰り越してもらえるようになります。例えば1期目に500万円の赤字が出て、2期目には500万円の黒字が出たとします。通常であれば2期目には500万円にかかる税金を支払わなければなりませんが、青色申告が認められると、1期目の赤字と相殺される形になり、税金がかからなくなります。

創業してすぐにどんどん黒字を積み上げられる会社はなかなかありません。この制度は起業時の大きな助けとなるものです。申請手続きもまったく複雑ではありませんから、忘れずに実行するようにしてほしいと思います。

経営者の給料は、人を幸せにした通知表であるべき

資金繰りに傾倒し、融資の返済や、株価を1円でも高くすることばかりに気を取られてしまうと、起業が失敗に終わる可能性が高まります。

お金はあくまで、目標を達成するための手段にすぎないものです。その扱い方を学ぶのは大いにプラスですが、お金儲け自体が目標になってしまうと、お金に振り回されることになります。たとえそれで一時は利益を上げられても、持続的に事業を続けていくのは難しいと思います。

お金を儲けたい、お金持ちになりたいというのは、リスクを取ってでも事業を起こす主要な理由の一つかもしれません。確かに入り口は、それでも問題ありません。実際に私も、最初はお金を儲けたくて起業しました。しかし、2度、3度と事業がうまくいかない経験をする中で、どうやらお金儲けが目的であると事業が長続きしないことが分かってきました。

確かにお金が尽きれば会社は潰れます。特に起業して数年は、いかに運転資金を確保するかが経営者の大きな関心ごとになるのは当然です。そんな状況の人に対し、お金よりも社会貢献しなさいなどと、きれいごとを言う気はありません。企業としてお金を稼ぐこと自体は、まったく悪いことではありません。それによって自らの給料が増えていくのも、自然な話です。

問題なのは優先順位であり、理念と利益とのバランスです。事業の目標達成こそが最優先であらねばならず、お金自体が目的化してはならないのです。事業の目標はさまざまでしょうが、どんな会社にも共通していえることがあります。それは、事業を通じ誰かを幸せにしてこそ、経営が成り立つということです。そもそも事業や会社は、なんのために存在するのか考えてほしいと思います。事業というのは、お金を払ってくれる顧客がいて初めて成立します。では顧客がどんなときにお金を支払うのかというと、金額に見合った価値を感じたときです。これは言い方を変えれば、「誰かの毎日をより良く変え、幸せにした」というときに対価が生まれるということになります。したがってあらゆる事業は、本質的には誰かを幸せにするために存在するものので、その事業を営む会社もまた同じです。

それに気づくことなく、経営者がいつまでも自らの給料をどう上げるかばかり考えていたとします。そのためには、経営にかかるあらゆるコストは、極限まで低いほうがいいわけです。必然的に、社員たちへの給料は最低水準、生み出すモノの質も最低限、取引先は値段がいちばん安いところを選ぶといった方向に舵を切ることになります。それに加え、目の前のお金ばかりを追いかけていき中長期的な視野が失われていきます。こうした会社で作り出された商品やサービスは、時勢に乗って一時はヒットするようなことはあっても、長く売れ続ける可能性は極めて低いです。

給料を限界まで抑えられた社員たちのモチベーションは低く、次第にトラブルも起きやすくなりますし、商品やサービスの質が低ければリピーターは生まれず、客足は遠のく一方です。値段のたたき合いを強いられる取引先も、取引が減ればあっという間に離れていくはずです。そうした結果、事業自体を継続するのが困難になっていきます。これは合理的に考えても当たり前の話であり、いつの時代も変わらぬ結論だと思います。

では反対に、事業や会社の本質に立ち返り、顧客を幸せにするために日々、奮闘するとします。そのためには、商品やサービスの質をできる限り高めねばなりません。それを実現し続けるには社員たちの協力が不可欠であり、成果に見合った給料を支払う必要があります。外部の重要な協力者である取引先に対しても同様です。そうして作られた商品やサービスは、より人を幸せにしますから、リピーターも増え、結果として事業がどんどん拡大していきます。

その結果、何が起きるかというと、経営者の給料もまた上がっていきます。つまり経営者の稼ぎとは本来、事業でどれだけ人を幸せにできたかの通知表であるべきなのです。また、世のため人のために事業を続けていくと、応援してくれる人が増えていきます。接待やごますりをしなくとも、自らの志に賛同する仲間が自然と周りに集まってきます。

そうした人の輪を大切にすると、そこからさらに事業の可能性が広がります。新たな知識や技術に触れる機会も多くなるでしょうし、困ったときにはお互いに助け合うこともできます。

事業や会社は、経営者の所有物ではありません。人を、社会を幸せにするために存在するものです。そしてお金も、その目的を叶えるツールの一つにすぎないのです。

起業の段階から、それを肝に銘じて歩んでいってほしいと思います。

第4章【リーダーシップ】

起業家は社会に必要とされ続けなければならない
顧客の課題を解決し、他者のために尽くせるリーダーだけが成功をつかむ

最初から
優れている
リーダーなど
存在しない

起業して事業を拡大していこうと考えるなら、多くの場合、会社を設立して人を雇用し、組織を作るというのが第一の選択肢になるはずです。そして会社がしっかりと利益を上げられるよう自らが組織をまとめ、導く存在になる必要が出てきます。そこで求められるのがリーダーシップです。

組織を率いるリーダーには、多くの人を惹きつけ従えるようなカリスマ性が必要であると思っている人がいるかもしれません。確かに昔は、リーダーシップが一つの才能と考えられていたこともありました。しかし近代では、才能というよりも後天的に身につけられる技術であるとするのが定説です。技術である以上、基本的には誰もが習得可能であり、世界的な企業や組織においてもその技術研修を行うことがすでに一般化しています。例えばＡｍａｚｏｎでは、最高水準のリーダーシップを持つ人材を育成することを目指して、幹部候補生に対しLeader of Leadersという独自の研修を行っています。またＮＡＳＡ（アメリカ航空宇宙局）でも、宇宙飛行士に対し「野外リーダーシップ訓練」を実施し、厳しい状況下で発揮されるべきリーダーシップの能力を養成しています。

たとえどんなに才能豊かな人物であっても、経験や学習、試行錯誤を通じてリーダーシップの技術を磨かねば、優れたリーダーにはなれないといえます。今ではカリスマと呼ばれるような創業者たちも、誰もが最初は一人の起業家にすぎませんでした。そこから多様な経験を積み重ね、時に失敗から学び、リーダーへと成長していったからこそ現在があるのです。

では、そもそもリーダーシップとは何かというと、組織やグループの目標やビジョンを達成するために他者を導き、他者に影響を与えることです。単なる指揮とは違い、組織が向かうべき方向を明確にし、メンバーと信頼関係を築いてモチベーションを高め、チーム全体の成長を促すような能力といえます。

なお、リーダーシップのあり方の最適解は、時代によって変わるものです。日本での歴史を私なりに紐解くと、戦後、１９４０年代のリーダーシップは管理に重きがおかれていました。混乱期ではありながら、アメリカというロールモデルに向かって進んでいたこの時代、リーダーの役割としては品質や工程の管理が主で、各人がやるべきことを決め、無駄なく働けるように尽力しました。その後、高度経済成長期に入ってリーダーに求められる役割が広がっていきます。ライバルよりも早く発展すべく、リーダーにはより大きな目標やビジョンを掲げ、それに向かって邁進する力が求められるようになりました。そうして組織を引っ張るカリスマ型のリーダーシップが、企業をどんどん成長させる時代でした。

バブル期に入ると、すでに大規模化が進んでいた企業において、多数の従業員をうまくまとめて組織の一体感を生み出すような調整型のリーダーシップが求められるようになりました。しかしバブル経済が崩壊し、先の見えない混迷期が訪れたことで、リーダーシップのあり方も大きく変わります。これまでの経験則が通用せず、手探りで進まねばならないような状況の中、リーダーには起業家精神や創造性、新たな物事に柔軟に対応する能力といった変革の力が求められるようになったのです。

さらに２０００年代以降では、サーバント型と呼ばれる新たなリーダーのあり方が広まっていきました。サーバント型リーダーとは、従来のように組織というピラミッドの頂点から指示を下すのではなく、組織のメンバーに尽くし、権限を委譲して自主性を引き出していく、いわばピラミッドを下から支えるようなトップのことです。その後、コロナ禍を経験して再び変革型のリーダーシップに脚光が当たるとともに、サーバント型も支持され続け、今後においてもその二つが主流となっていると見ていいと思います。

いかなるときも経営者としての信念を貫く

個人的にも、現代の起業家には変革型とサーバント型という二つのリーダーシップの要素が求められると思っています。事業の創成期には、革新的なアイデアと明確なビジョンを掲げ、その実現のために組織を導く変革型のリーダーシップが適しているように思います。イノベーションを重視し、斬新なアイデアやアプローチをどんどん取り入れながら、既存の枠組みにとらわれず新たな方向性を示していくからです。組織のメンバーたちはそんなリーダーの姿に影響を受け、引っ張られて、組織全体で物事にチャレンジする風土が生まれていきます。

サーバント型リーダーは組織のメンバーのニーズを理解し、自らのチャレンジより彼らの成功を支援することに重点をおきます。指示を与えるだけでなく、サポートやリソースを提供し、メンバーが最高のパフォーマンスを発揮できるようにします。チームビルディングにおいても信頼や共感を築いてチームの結束を高めるべく、メンバーの声を聞き、意見を尊重し、協力と協調を促進します。なお、サーバント型リーダーとして会社を導く際のポイントといえるのが、社員たちの価値観や会社に対するニーズの把握です。社員が会社に対し、何を期待するのかを把握するというのが、エンゲージメント向上に向けた取り組みの出発点となります。面談やアンケートなどを実施し、仕事のやりがいや楽しみが明らかになったら、それに合わせた人事異動や労働環境の整備を進めていきます。例えば、インセンティブ制度やスキルアップのための制度を導入したり、福利厚生を充実させたりするなどして、社員たちが充実して働ける環境を整えるというのも、事業を成長させるうえで欠かせない要素です。それによってメンバーたちのエンゲージメントがより高まり、生産性の向上や離職率の低下、そして顧客満足度の上昇といった効果が表れ、結果として事業がよどみなく伸びていきます。組織に尽くせるサーバント型リーダーが求められ、成功しやすい理由もそこにあります。すなわち、事業の安定化を図るには、自らの欲望や利己心を満たすために会社を動かすのではなく、社員たちをより豊かにするためにリーダーシップを発揮すべきである、とも言い換えられます。

このように時代や組織の状況によって、求められるリーダーシップの形は変わっていくものですが、一方で変えるべきではないものも存在します。

それは、〝自分らしさ〟です。

リーダーシップのあり方に合わせ、自らのキャラクターまで変化させてしまうようだと、一貫性が失われてメンバーたちを戸惑わせる原因となりかねません。信念や哲学、価値観、大切にしてきた思い、そして成功するまでやめないという執念も含めた、経営者としての自分の本質だけは、どんな状況になっても貫くべきものです。

結局のところ組織というのは、最終的に経営者の価値観や判断基準に従って動いていくものです。したがって経営者の芯の部分がぶれてしまうと、会社の進むべき方向性も迷走しがちになり、社員たちにも迷いが生まれ、組織が一枚岩ではなくなってしまいます。いくら優れたリーダーシップを発揮しても、人間同士のトラブルがまったく起きない組織を作り上げるのはまず不可能です。

そうして問題が起きた際にも、経営者としての芯が問われます。常に一定の価値観、同じ基準を持って事に当たっていれば、問題解決の際に用いる手段もまた一定であり、それが公平性につながります。逆に、価値観や基準がその都度変わってしまうようでは、問題解決のやり方も場当たり的に見え、「以前と言っていることが違う」などと社員たちに不信感を抱かれかねません。経営者は、いつも自らの経営者としての原点を忘れず、いかなるときも信念や哲学を貫きながら、事業と向き合っていく必要があると思います。

人を導く喜びを知れば、利己から利他へと心が変わる

リーダーシップについて、かくいう私も実は最初からその重要性に気づき意識的に技術を磨いてきたわけではありません。初期の起業にあたっては、どちらかといえば個人事業のような形で始めたものがほとんどでしたから、いわば自らが稼げればそれでよかったわけで、組織論やリーダーシップ論を体系立てて学ぶ必要性も感じていませんでした。

ただ、自分一人だけで使える時間は1日24時間しかなく、それを超えて稼ごうと思ったら誰かと一緒に仕事をするしかありません。より上を目指すためには、やはり会社組織を作るしかないという結論に至りました。

私は通信機器販売のビジネスで、初めて組織を作ることにしました。そこで社員たちが次々に辞めていくようになったのです。営業先もニーズもあるのに人材不足で何もできず、目の前にある利益が他者にとられていくのを指をくわえて見ているしかないというのは、本当に歯がゆい経験でした。かといって、組織論やリーダーシップ論など露ほども知らぬ私は、いったいどのような手を打てば離職が止まり、組織としてまとまるのか、まったく分かりません。雇っては辞め、また雇っては辞め……その繰り返しで、採用の労力とコストばかりがかさんでいく状況に陥り、事業の拡大どころか存続すら危ぶまれる状況が続きました。

一度、組織論やマネジメントを本格的に学ばねば、どうにもならない……そのように限界を感じていたタイミングで、たまたま知人から「訪問販売の会社を立ち上げるので、営業マンたちにノウハウを教えてほしい」と相談を受けたのでした。そこで私は事業をたたんで、一度組織の中に入りマネジメントを実践的に学ぼうと決めました。振り返ればこの決断はのちの大きな財産となりましたが、同時に思わぬ波乱を呼ぶことになります。

なお新たに会社に入る際、最初私は「マネジメントを学びたくて仕事をするのだから、給料は特にいらない」と伝えました。ただで勉強させてもらえるのに、お金までもらってしまうのは申し訳ないと、本気で思っていたからです。ただ、マネージャーが無給では他の社員に示しがつかないと社長から説得され、標準的な給料をもらうことになりました。

営業という仕事自体は、これまでの自分の事業において核としてきたものですから、自信がありました。実際に入社して1カ月目で、1300万円ほどの売上を作って目標を達成し、社長の期待に十分応えられたのは幸いでした。しかし実績を上げるのは社員として当たり前であり、私の目的は数字よりもマネジメントを学ぶことでしたが、部下となった社員たち10人に対して、果たしてどのようにアプローチすればよいか、見当がつきません。

前の事業で人がどんどん辞めていった悪夢がいつも頭をよぎり、なんとかコミュニケーションを取ろうと必死でした。人の心をつかむには、まず相手について知らねばならないのは、ビジネスでも人間関係でも一緒だと思います。そのために私は、とにかく部下たちとともに時間を過ごしました。ほぼ毎日、ランチや飲み会を行い、土日も部下と会って遊んだり、悩みを聞いたりしました。当時の給料は35万円でしたが、生活費として15万円を家に入れ、残りの20万円はすべて部下たちとの飲み食いに使いました。

自分には、いまだ教え導くような力がないことは分かっていました。それでも絆を作るには、部下たちの悩みや望みを知り、その解決や実現のために尽力するというやり方しか思い浮かばなかったというのが正直なところです。同時にそれは、私にとって「組織に属する人々の気持ちを知る」という貴重な機会ともなりました。会社や体制のどこに不満を抱え、どんな点を評価するのか、部下たちの生の声に耳を澄ませることができたというのは、その後の起業にあたっても大いに参考になりました。

そうして自分なりに親身になって部下と接している中で、自らの気持ちもまた変化していきました。最初はいかに相手の心をつかむか、どうすれば自分のために気持ちよく動いてくれるようになるかばかり考えていましたが、営業ノウハウを伝え、悩みを解決していく過程で、人間的に成長していく部下の姿に感動し、いつしか人を育てること自体に喜びを感じるようになっていったのです。

この体験こそ、仕事を通じお金を稼ぐという自分視点から脱却し、他者を幸せにするという視点を得られたきっかけであり、起業家として新たな可能性が芽生えた瞬間であったと思います。

入社して2カ月もすると、部下たち全員の性格や価値観がよく分かり、どのような声掛けをすればモチベーションが上がるのか、どう伝えればより理解が深まるのかといったアプローチの仕方が分かるようになりました。一方の部下たちも、私の言うことによく耳を傾けてくれるようになり、互いに打てば響くような関係性を作れた結果、組織としての営業成績はさらに伸びていきました。

これほどのやりがいを、私は感じたことがありませんでした。一生、この会社で人を育て続けるのも悪くない、そうした気持ちになるほど、私はマネージャーという仕事に喜びとやりがいを持っていました。しかしそんな幸せな時間は、長くは続きませんでした。

人との絆を
大切にした先に、
事業の未来
がある

マネージャー職について3カ月目に入り、ここからみんなでさらに高みを目指そうと、意気揚々と出社した私でしたが、普段は営業用のカバンに入っているはずの資料が、なぜかデスクの上に山積みになっているのに驚きました。

するとすぐに、経営陣の一人が私のもとにやって来て、「今日は営業に行かなくていいよ。会議があるから参加してほしい」と言うのです。私はいぶかしみつつも、とりあえず従うことにしました。

会議の場に行ってみると、中央の席には社長が苦虫を噛み潰したような顔で座っており、そのほかにも役員がずらりとそろっていました。結論からいうと、その会議は私をつるし上げるために開催されたものでした。

冒頭から、社員たちを連れてうちを辞めようと思っているだろうと激しい調子で責められ、私は言葉を失いました。独立など頭に浮かんだことすらなく、むしろこの会社で一生働くのも悪くないとまで思っていた矢先でしたから、本当に愕然としました。

社長から、部下に悪口を吹き込んでいるのではと疑われたときは、さすがにそんなことはただの一度もないと反論しました。いったい誰が言っているのかと尋ねたところ、誰でもいいだろう、とにかく裏でいろいろと画策しているのはもう分かっているんだと社長は机をこぶしでたたきました。

その様子に、私は自らのあずかり知らぬところで取り返しのつかない事態になっていたのだと知りました。きっと重役の誰かが、私の行動や実績を見て、自らの椅子が脅かされるという危機感を抱き、裏工作を行ったのだと思います。確かに部下たちばかりを見つめ、社長や重役たちの様子にはあまり気を配ってきませんでした。売上目標さえ達成できていれば問題ないだろうと考えていましたが、それが甘かったのです。組織の怖さ、難しさをあらためて思い知りました。

事実無根の疑いをかけられたとはいえ、それで会社との信頼関係が完全に消え去った以上、辞めるしかありません。数日後、仕事先に迷惑がかからないよう引き継ぎなどを行ってから、私は辞表を書きました。ただ一人、私の実績を買ってくれていた常務だけがひきとめてくれましたが、それを固辞してエレベーターに乗り、会社の入るビルから出ようとしたときでした。

聞き覚えのある声に呼び止められて振り向くと、特に私を慕ってくれていた部下が

４人、硬い表情でこちらを見つめていました。私が辞めることを知り、自分たちも一緒に辞めるというのです。仕事に戻るように言っても、彼らは思い詰めた表情のまま、その場を動こうとはしませんでした。

自分たちの話を聞いてほしいという部下たちを放っていくわけにもいかず、とりあえず近くの喫茶店に移動しました。彼らはまた私の下で仕事がしたいから、どうか新しい会社を作って自分たちを雇ってくださいと言うのです。なんでお前たちの面倒を見なければいけないのかと憎まれ口をたたきながらも、本当は心底うれしかったです。

会社勤めを通じ、リーダーシップやマネジメントのノウハウをどこまで身につけられたか分かりませんが、少なくともこうして自分を慕ってくれる部下たちがいるというのは、私がやってきたことが無駄ではなかったという表れに思えました。とはいえ部下たちの人生を、私の新たな事業に巻き込むなど、簡単に決められることではありません。「お願いします」「嫌や」の押し問答が続きましたが、とうとう最後には私が根負けしてしまいました。

そのメンバーで確実に利益を上げられる事業といえば、これまでやってきた訪問販売しかありません。図らずも4人の部下を連れて独立したという格好になってしまいましたが、部下たちの生活を支えるには、そんな体面など気にしていられませんでした。そうして新たに訪問販売会社を起業したのですが、ほどなくしてほかの悪徳業者によるトラブルや押し売り商法が問題視されるようになり、訪問販売に強力な規制がかけられたことから、業界自体がほぼ消滅しました。

残念な結果になりましたが、それでも社員たちは変わらず私を慕ってくれ、次の事業にもついてきてくれたことで、私はあらためて、人との絆を大切にするのがいかに大切かを理解しました。以後の経営においては、社員たちとの絆を大切に考え、その幸せのために事業を行うというのが大きな目的となり、現在に至っています。

なお、この経験から学んだ社員たちとの向き合い方については、今でも実践しています。

例えば私の携帯電話には、24時間365日、あらゆる社員が電話をかけていいことになっています。商談中や睡眠中などどうしても受けられぬ場合を除き、たとえ深夜でも早朝でも、社員たちからの相談に乗ると決めています。そうして自分なりに社員たちに尽くすあり方は、大きくはサーバント型リーダーシップの範疇に入るものかもしれません。結果論ですが、組織での経験から自分らしいリーダーシップの形を見つけたというのが、経営者として事業を成長させられた理由の一つであると今では思っています。

このような経験を通じ、私の組織運営の方向性は利己から利他へと大きく変わっていったのです。

マニュアルよりも重要な、承認、感謝、信頼

利他の心で部下たちの成長を願い支援するサーバント型リーダーの本質をよく言い表していると思う格言があります。大日本帝国海軍の軍人として連合艦隊司令長官を務めた、山本五十六の言葉です。

「やってみせ、言って聞かせて、させてみせ、ほめてやらねば、人は動かじ」

多くの人が知る有名な格言ではありますが、まさに人を育てるとはどういうことか、分かりやすく示していると思います。さらにこの言葉には、続きがあります。

「話し合い、耳を傾け、承認し、任せてやらねば、人は育たず。やっている、姿を感謝で見守って、信頼せねば、人は実らず」

この後半部分は、果たして山本五十六本人が残したものか、はっきりしていませんが、だからといって言葉自体の価値が変わるわけではなく、付け足せばさらに分かりやすくなるように思えます。

実は私もこれらの言葉を胸に刻みながら、リーダーとして人材育成を行ってきました。人間誰しも、初めての物事をいきなり完璧にこなせるわけではありません。特に社会に出たばかりの頃などは、全力でやっても０・５人前ほどの力しか出せず、基本的にはほとんど何もできないものです。それをリーダーがサポートしながら一人前まで持っていき、さらに安定して仕事をこなせるようになると、1・5人前の働きが期待できます。

以前在籍していた営業会社でも、私は部下に対してまさに山本五十六流で接するよう心掛けていました。そうして後輩に背中を見せることで、責任感が生まれると考えていたからです。

実力のある先輩が生き生きと営業をかけ、契約までこぎつける様子を見ていると、新人は営業という仕事がさほど難しくないもので、自分でもできそうであると感じるようなのです。何度か先輩に同伴していると、どこかのタイミングで必ず新人から「私も一人で営業に行ってみたい」という要望が上がってきます。そこで私は、営業という仕事はそう簡単なものではなく、いきなり行って契約が取れるということはなかなか起きないという現実を「言って聞かせる」役割を担います。

だからといって、まだ早いから行くなとは言いません。そのうえで実際に「させてみて」、現実を肌で感じてもらうのが大切です。ただし、「契約書は持っていかなくていい」と伝えます。当然ながらほとんどの新人は、契約どころか30分間話を聞いてもらうことすらできません。ショックを受け、肩を落として帰ってきます。そこで「ほめてやらねば」なりません。

30分も話を聞いてもらえたならすごいと、話しているときに顧客が笑顔であったならうまくやったと褒め、そして最後には次回は1時間、話を聞いてもらえるよう考えようかなどと、次の目標を伝えます。ここまでがワンセットです。

一見すると、回りくどいやり方かもしれません。それよりも営業マニュアルを詳細に作り込み、教えたとおりに一言一句話させるほうが、成績が上がりやすいと思う人もいるかもしれません。

しかしマニュアルで縛ってしまえば、本人の成長は望めません。営業という仕事は、それぞれの性格や価値観が、営業マンとしての味になり、それが最終的な差別化要因の一つとなるものです。最初からその個性を殺してしまうようなやり方では、いくら短期的な成績が上がっても、中長期で組織が伸び続けていくことはないというのが私の考えです。

そうして部下を支援し、中長期的に育てるのに欠かせないのが、承認、感謝、信頼という三つの要素です。まさに「話し合い、耳を傾け、承認し、任せてやらねば、人は育たず。やっている、姿を感謝で見守って、信頼せねば、人は実らず」なのです。

社会貢献を掲げるリーダーであれ

事業の短期的な売上よりも社員たちの中長期的な成長に意識を向け、それを自らの喜びとするようになると、自然にその先に新たな風景が広がっていることが分かります。それは、社会貢献です。経営者の中に、関わる人を幸せにしたいという思いが生まれてくると、それは社員にとどまらず、顧客や取引先にも及んでいき、最終的には、自らの事業によって世の中の人々を一人でも多く幸せにしたい、という願いに昇華されていくものです。

これは何も理想論ではありません。社会からその存在を望まれる企業が、生き残っていくというのは極めて当然のことであるといえます。経営者という観点でいうなら、他者のために尽くし、顧客の課題を解決し続けるリーダーだけが、成功をつかめるのです。近年、経営の世界において注目されるようになった概念として、CSV(Creating Shared Value：共有価値の創造)があります。アメリカの経済学者マイケル・ポーターによって提唱された概念で、企業が自社の事業やビジネスモデルを通じ社会的課題を解決することによって、利益を上げながらも社会的価値のある存在になるというものです。

似た概念としてCSR(Corporate Social Responsibility：企業の社会的責任)があ

りますが、ＣＳＶが自社のビジネスと社会の利益の両立を目的に据えているのに対し、ＣＳＲは慈善活動や環境保護など直接的な利益にはつながらない社会的取り組みを目的としているというのが大きな違いです。

社会課題を解決するというのは、紛れもない社会貢献であり、それによって多くの人々が幸せになる行為であるといえます。一昔前までは、社会貢献と企業の利益は相反するものととらえる向きが多く、一部の大企業が半ば義務的にＣＳＲ活動に取り組むのみで、日本企業のほとんどは、社会貢献と真摯に向き合ってきたとはいえませんでした。しかし、サステナビリティが重視され、将来にわたって続けていくことが可能な事業や組織が評価される現代において、ＣＳＶはすでに重要な成長戦略の一つに位置づけられるようになっています。

ただ、実はその実践はさほど難しい話ではないと私は考えています。人を、社会を幸せにするために、事業や会社がある、この本質を理解していれば、起業家として発想するあらゆる事業は、誰かの困りごとの解決、ひいては社会課題の解決と、自然な形で深く結びついてくるからです。

一つだけポイントを挙げるなら、社会課題の解決を結果論にはせず、起業の時点から利益と課題解決の両立を戦略的に検討しておいたほうが、事業の成功率がより高まるように思います。そしてリーダーシップという観点からいっても、社会貢献を掲げるリーダーは、社員たちをはじめ多くの人から評価されやすいものです。

特にミレニアル世代やZ世代などの若者たちは、就職の際にその企業が社会的責任を果たし、社会貢献活動に積極的に取り組んでいるかを重視するようになっています。彼ら彼女らの目には、社会貢献を掲げるリーダーは魅力的に映りますから、優秀な人材の獲得や定着につながるはずです。

第5章

起業で成功したければ、人生のすべてを捧げる執念を持て！

事業が軌道に乗ったあとにも続く、経営の道

起業において最も重要なのは目標であり、その達成までは絶対に諦めないという執念の思考こそが道を切り拓くというのが私の考えですが、起こした事業がなんとか軌道に乗ったとしても、当然ながらそれで終わりではありません。

ベンチャー企業においては、成長していく過程を、シード期、アーリー期、グロース期、レイター期というように区切ってとらえ、レイター期に入ったなら、誰もが「起業して成功をつかんだ」と評するのが一般的です。場合によってはアーリー期を乗り越えたあたりを起業の成功ととらえる人もいるかもしれません。

しかし実際には、むしろそこからが本当の勝負です。たとえどんなに素晴らしいビジョンや熱い思いを持っていても、経営が立ち行かなくなってしまえばそれまでです。社会貢献という点でいっても、会社が活動し続けるというのはある意味で前提条件であり、最初から中途半端で投げ出しても構わないと思いながら始める人はいません。したがって、起業の成功とはあくまで一つの通過点であり、そこから人生のすべ

てを懸けて会社経営を行っていく覚悟をすべきであるというのが私の持論です。

投資の世界においては、スタートアップを支援して会社を成長させ、ある程度の規模になったら売却するという出口戦略によって利益を上げるというのが一般的ですが、起業家は投資家とは違います。お金ばかりを目的とすると事業はいつか失敗するというのは自明であり、最初から出口戦略を想定したうえで事業を起こすようなやり方がうまくいくとはとても思えません。また、売却が前提なら中長期的な視点も持てなくなり、それもまた経営を脅かすリスクの一つといえます。

起業家の中には、一から事業を起こし成長させては売却するというサイクルを繰り返しながら、常に新しいことをやっていたいと考える人もいますが、そもそも人生において５つも６つも事業を成功させられるなら、それはよほどの天才であり、少なくとも私のような平凡な人間とは住む世界が違います。世の圧倒的多数を占める一般的な起業家は、きっと私と同じように生みの苦しみを味わい、さらにはそれがついえていく虚しさや悲しみの中から次につながる経験を拾い上げ、少しずつ成功へと近づいていくものです。

そうしてようやく花開いた事業を、惜しげもなく手放して次の起業へと移っていくようなことはできない、というかやらない人がほとんどだと思います。ですから事業の立ち上げに成功したあとは、その事業領域を大切に育てていくという選択をするのが通常であるはずです。事業を成長させていくには、いかに長く経営を持続させるかを常に考え、中長期的な視点を忘れないというのが肝心です。

ジョンソン・エンド・ジョンソン、カルビーと名だたる企業を率い、プロ経営者としての実績を残してきた松本 晃氏は、経営について次のように述べています。

「会社の経営者の視野は、車の運転と一緒で、遠くを見すぎても、目先ばかり見ていてもいけません。基本になるのは、20、50、30だと考えています。これから1年のことに20%、13~24カ月のことに50%、25カ月以降のことに30%をという配分で自分の全精力を傾けます。ジョンソン・エンド・ジョンソンでは、いつもそのような距離感で考えていたので、計画を下回ることなどありえませんでした」

このように、足元には気を配りつつ中長期の視野もバランスよく持っておくというのが、会社の持続的な成長に欠かせない考え方です。

キャッシュフローには常に注意を払う

経営の持続という観点でいうと、財務的に最も注意を払っておくべき指標がキャッシュフローです。

会社は業績が赤字になってもすぐに倒産しませんが、キャッシュがなくなれば即、倒産します。なぜなら、取引先や従業員への支払い、借入金の返済など、会社として現金を支払う場面が限りなくあり、それが不可能になると事業自体が成立しなくなるからです。たとえ事業が収支としては黒字になっていても、手元にキャッシュがなくなって支払いができなくなれば、そこまでです。

起業時にはキャッシュが当面の生命線となると実感していたとしても、事業が軌道に乗って黒字化にこぎつけると、利益が出ているのだから当然、現金もあると思い込んでしまいがちです。その結果、黒字倒産に追い込まれてしまえば、悔しくて夜も眠れない思いをすることになります。

なお、キャッシュフローが悪化する原因は多岐にわたりますが、最も注意すべきものとしては在庫と売掛金が挙げられます。

在庫については、できるだけ安く仕入れたい、欠品による販売機会のロスをなくしたい、などと考えるあまり、つい抱えてしまいがちです。しかし一度の仕入れであまりに大きな現金が出て行ってしまえば、やはりキャッシュフローが悪化します。また、仕入れた品を置くスペースを借りるために家賃を支払うなど、管理にさらなるコストがかかる場合もあります。特に創業初期には、できる限り在庫を持たないことを意識すべきです。

売掛金とは、商品やサービスをすでに販売したけれど、代金がいまだ支払われず未回収となっているお金のことです。この額が売上に占める割合が大きいほど、手元にキャッシュが残りづらくなります。したがって売掛金の残高や回収期間を常にモニタリングし、いつどれだけの現金が入ってくるのかを把握する必要があります。

例えば取引先に商品を納めたとして、その支払いが月末締めの翌月払いという契約であったなら、少なくとも1カ月間は対価を得ることができません。このようなタイムラグは、資金の乏しい創業初期にはなかなか厳しいものです。したがって、運転資金に不安がある場合、あまりに売掛金が多くなりそうな顧客とは積極的に取引しないほうがいいです。実際にキャッシュが尽きてしまってからでは遅いのです。

顧客との付き合い方についてさらに述べると、1社や2社としか取引をしていない場合、相手の会社の都合一つで経営危機に陥るリスクが高くなります。例えば人事異動で担当者が代わったり、自社よりも低い価格で同等のサービスを提供するライバルが現れたりして、それが取引の再検討や値下げの要請につながるケースは本当によくある話です。そうなった際、1社に売上を依存しているようだと、来月から収入がゼロになるというような事態に陥りかねません。

いくら相手が大企業であり、定期的に仕事をもらえるとしても、その1社のみの仕事をこなすだけで精いっぱいという状況になってしまうのは意識的に避けるべきです。売掛金の兼ね合いも含め、複数の顧客を抱えるというのが理想といえます。

一つの成功に慢心せず、顧客の声に真摯に耳を傾ける

一度でも成功を収めると、自らもいっぱしの経営者になったのだという思いから、時に見栄を張りたくなるかもしれません。自分の会社を立派に見せたいという欲求は

誰しもあるでしょうが、それを叶えるのを優先し、背伸びをしてしまうのは避けるべきです。

例えば、業績が伸びているからと勢いづいて、都心に広くおしゃれなオフィスを構え、一気に社員を増やして、立派な会社であるという演出をしたとします。事業がそのままのペースで成長し続ければまだいいのですが、いくら今は上り調子であってもその状況が永遠に続くことはありません。

一度うまくいったからといって、今後も順調に進んでいくとは限らず、むしろ必ずといっていいほどなんらかのトラブルが起きるものです。そんな際に、経営者として見栄を張ったのがあだとなり、家賃や人件費などの固定費が重くのしかかって一気に経営が傾いたという話はよく耳にします。いつも分相応の経営を心掛けるというのが、事業を継続するためのポイントといえます。それを忘れて有頂天になりすぎると、手痛いしっぺ返しを受けることになりかねないのです。

また、順調にいっていた事業が停滞した際、注意しなければならないのが、過去の成功体験に縛られてしまうことです。停滞したのにはそれなりの理由があり、なんらかの改善が必要です。しかしそこで、今まではうまくいっていたのだからと、それまでのやり方に固執してしまうようだと、失敗する可能性が高くなります。

成功体験に縛られる人によく見られる特徴として、自らの力を過信してしまうということがあります。成功体験を自信に変えるのは悪いことではありませんが、自分の能力が高かったからこそうまくいったと考えてしまうと、過信につながりやすいです。本来であれば成功の裏には、周囲の人々の助けや、運に恵まれた部分などが必ずあるはずです。それを忘れて自分だけの手柄ととらえる時点で、すでに成功体験の罠に足がかかっています。

そして、過去の成功体験に一度でもとらわれてしまえば、そこから脱却するのは容易ではありません。自らが正しいという思い込みにとらわれると、それを補強するような意見や情報にばかり目が行って、逆に反目する意見や情報を拒むようになります。これは心理学で「確証バイアス」と呼ばれる心の働きです。

確証バイアスがかかった状態になると、経営においても自らにとって都合のいい視点でしかマーケットをとらえられず、時代の変化に柔軟に対応できなくなります。その先に待っているのは、経営危機です。

過去の成功という確証バイアスにとらわれないためには、たとえ事業が順調であっても、一つの成功に慢心することなく、いつも事業の課題を探して改善を続ける姿勢を持つことが大切です。また、常に新たなチャレンジを行って成功体験を書き換えていくというのも、過去の成功に縛られない有効な方法であるといえます。

私がエステティックサロンを立ち上げた際も、ようやく社員たちへの技術教育が終わり、サロンの開店へとこぎつけたのですが、最初は月に200万円の売上しか出せず、家賃の100万円プラス人件費や光熱費を支払うと完全に赤字でした。しかし私はあまり悲観していませんでした。エステティックサロンは、基本的に半年や1年のコースを契約したうえで顧客が通ってきて、化粧品なども購入していきます。会員数が増えた分だけ売上が着実に積み上がっていくビジネスであり、黒字化には少し時間がかかると分かっていたからです。

実際にそのとおりで、2カ月目には300万円、3カ月目は500万円と伸び続けていきました。このままのペースなら、当時の目標であった売上1000万円まで、半年も経てば届くはずだと私は考えていました。確かに5カ月目には売上が800万円まで増えたのですが、そこから先が予想外でした。翌月には、1000万円を超えるどころかむしろ200万円も減って、600万円となったのです。

そうした結果になった裏には、必ず原因があります。そこで私は、あらためて顧客の声に耳を傾けました。スタッフにも顧客との会話を記録し、その要望を集めてもらいました。すると、一つの問題が浮かび上がってきました。売上が減った理由は、顧客が継続的に通うのを途中でやめてしまうからでした。ではなぜ継続してくれないのか、それを深掘りしていくと、スタッフが拾ったとある女性の声に行き当たりました。

「シミを取りたくて来たのに、取れないんだもの」

私はそこでピンときて、ほかにも同じような感想を言った人がいないか探しました。するとやはり「美白を目指して来たのに、白くならない」といった感想が出てきたのでした。これはつまり「何度か行って結果が出ないなら、あとは通う意味がない」と考える人が離脱していくということにほかなりませんでした。

その状況を変えるには、結果が出ているとはっきり実感できるような新たなメニューを導入するしかありません。試行錯誤ののちに私が導入したのが、ケミカルピーリングでした。ケミカルピーリングは皮膚に化学物質を塗布して表皮の古くなった角質などを剥離、除去し、皮膚の再生を促す施術法です。いわば皮膚を生まれ変わらせるわけですから、その効果はこれまでの施術よりもはるかに高いものとなりました。結果として、新メニュー導入後には売上が再び上昇に転じ、3カ月ほどで1500万円まで積み上がったのでした。

この経験からいえるのは、現在の成功にあぐらをかくことなく、常に顧客の声に耳を澄ませ、自らのビジネスを新陳代謝させていくのが大切であるということです。

自らの直感に従い、時には「捨てる勇気」を持つ

ビジネスのスピードがどんどん速まっている昨今においては、事業一つの寿命もまた短くなりつつあると感じます。アイデアを得た当初は成功すると確信できるような事業であっても、状況が変われればあっという間に成立が難しくなるものです。そんな際には、迷わず方向転換を考えねばなりません。

とはいっても、またゼロからアイデアをひねり出す必要はありません。自分が土俵とするステージにおいて、軸足の位置を変えるというのが、ここでいう方向転換です。私はエステティックサロン以外にも、化粧品販売や美容機器販売といった美容系の事業をいくつか手掛けており、特に化粧品販売は以前から行っていたものでした。

化粧品を売り出したきっかけは、世界的なパソコンメーカーであるＤｅｌｌの広告戦略でした。

当時のパソコンは１台20万～30万円するものが多かったのですが、Ｄｅｌｌでは定価が10万円で、さらにインターネット経由での注文なら２割引きという破格の価格設定となっていました。試しに買ってみたところ、ほかのパソコンと同じようにさくさく動きます。しかもユーザー登録したことで毎週のようにキャンペーンメールが届き、お得な情報があるたびにパソコンを買い増していったため、すぐに事務所のパソコンがすべてＤｅｌｌに置き換わったという経験がありました。

その売り方を、化粧品販売に応用したら面白そうだと考え、さっそく実行することにしました。ターゲットは一般消費者ではなく、当時全国に２万軒あったエステティックサロンです。どのサロンでも毎日必ず化粧品を消費するのは分かっていますから、あとは今使っているものからいかに乗り換えてもらうかです。そこでＤｅｌｌの低価格戦略を取り入れて、品質は同程度のものを、キャンペーンを打ちながら３分の１程度の価格で販売していくことで差別化を図ります。営業の際にも効果や品質を主軸にはせず、この化粧品に変えたら年間どれほどのコスト削減ができるかという提案をしていきます。計算では、5年間使えば2000万円以上のコスト削減になるケースが多く、これならシェアを取れるだろうと踏んでいました。

しかしふたを開けてみると、サロン側の反応は思いのほか鈍いものでした。結局のところ、いくらコストが大幅に抑えられるとはいえ、現在使用中の化粧品で満足して通ってくる顧客を失うリスクを冒せなかったのだと思います。仮に検討するにせよ、顔を合わせて商談し、信頼関係を築いてからと考えるサロンオーナーも多かったのかもしれません。私としても営業に行くのはやぶさかではないのですが、ぎりぎり利益が出る低価格であったため、全国各地を巡って販売活動を行う予算がありませんでした。

価格勝負に舵を切ったおかげで、自社の強みであるフェイストゥフェイスの営業がかけられない……そこで私は、事業の構造自体がすでに袋小路に入っていると感じました。そしてどう工夫しても、その根本的な欠陥は修正できないと判断しました。

そこですぐに事業を見直し、軸足を移すことにしました。具体的にいうと、化粧品のBtoB販売は諦めて、代わりに美容機器の販売へと舵を切ったのです。結果としてこの方向転換は当たり、美容機器事業は現在でも私の会社の売上の柱の一つとなっています。今振り返っても、もしそこで一度立ち上げた事業に執着し、化粧品事業を追い続けていたら、間違いなく今の私はないと断言できます。時には自らの直感を信じて、抜本的に事業を見直す勇気を持つのが大切です。

なお、ここでは成功例を取り上げましたが、いくらベストを尽くしても、うまくいかない場合もあります。新たなチャンスが見つからぬまま事業が失敗に終わるというケースもあるかもしれません。しかしだからといって、悔やんだり、自信をなくしたり、諦めたりしないでほしいと思います。すべきなのはただ一つ、失敗から学び、次の起業へとつなげることです。人間は、生まれたときから失敗しながら成長していくものです。例えば赤ちゃんが寝返りを覚えるとき、最初は身体すらまともに傾けられず、首が動くばかりです。そこから数え切れないほど寝返りを打とうとしては失敗するのを繰り返し、ある日ようやく、ころりと転がることができるようになります。

そうして苦労の末に寝返りができるようになった赤ちゃんが何を手に入れたのかというと、移動の手段です。寝たきりであったところから、自らの意思で移動できるようになって、どれほど世界が広がるか、想像に難くありません。事業もまったく同じ構造であると私は考えています。失敗を繰り返しながら学んでいき、ある日成功した瞬間から世界が変わる――。それこそが事業の真髄であり、何度つまずこうが立ち上がり、最後に成功すればいいのです。

大きな夢があるほうが、経営も人生も面白い

私はこれまで40年にわたり、いくつもの事業を行ってきたわけですが、結局のところ事業を成長させていくのと、人生において自らを成長させるのは、本質的には同じことであると感じるようになりました。赤ちゃんが寝返りを打てるようになり、ハイハイができるようになり、立ち上がって歩き出すという一事をとっても、失敗から学びながらその時々の課題をクリアし、それが成長につながっていくわけです。

その意味で人生とは、今の自分ができないこと、すなわち課題を、なんとか解決して前へと進み、成長を遂げていく、課題解決の旅のようなものだといえると思います。事業もまったく同様で、その時々で現れる課題を解決することでしか成長していきません。逆にいうなら、試行錯誤の末に解き方にたどり着けば、必ず前へと進めるようになっています。

だからこそ、諦めない心、そして執念の思考が、未来を切り拓く最大の武器となるのです。そしてまた、人間はいついかなる時にも成長することができます。私がエステティックサロンを立ち上げたのは57歳のときでした。それでもなんとか事業を成長させ、現在地まで来ています。課題を乗り越えるほど成長できているという実感がある一方で、いまだに経営者として学ぶべきことは多いとも感じます。

課題解決の旅には終わりがなく、それはすなわち、自分が死ぬまで成長し続けられることを表しているように思えます。なお、課題に立ち向かう際に私が意識してきたのが、限界まで高い目標を設けることです。売上が20億円の段階で「５年で１００億円」という目標を掲げたのはその典型で、やるからにははるかな高みを目指していくべきだと考えてきました。

松本晃氏は、カルビーの会長兼ＣＥＯを務めていた当時、大きな夢を持つことの大切さを次のように語っています。

「会社のビジョンは大切です。何よりもそこに夢がないと、世の中で生きていても面白くはありません。個人は個人でそれぞれが夢を持ち、会社は会社としての夢を持つ。それが大事なのです。カルビーは、今はわずか売上２０００億円の会社です。一方、世界の最大の食品会社であるネスレの売上は10兆円にのぼります。しかし、カルビーが将来的に同社と肩を並べ、追い越す存在になる可能性だってあるのです。みんなが大きい夢を持ち、なおかつ、結果を出していけば、実現しないことではないと、私は本気で思っています」

どれほど高い目標や、大きな夢であっても、結果を出し続ければいつか叶う日がやってきます。失敗も、結果を出すために必要な過程の一つにすぎず、失敗の数だけ目標や夢に近づいているのです。

最後にあらためて、断言したいと思います。

決して諦めない執念さえあれば、誰であっても起業を成功に導くことができるのです。

おわりに

私が経営の道に入って、40年もの時間が過ぎました。

思えば最初の起業は、ただ「社長になって、楽をしてお金を稼ぎたい」というところからのスタートでした。当然ながらうまくいかず、トライ&エラーの繰り返し……何度も痛い思いをしながら学び、独学で知識を蓄積していって、ようやくエステティックサロン事業で、成果を上げることができました。

そのおかげで若かりし日に抱いた、お金を稼ぐという目標は、ある程度達成できています。

人によっては、「ここで経営の一線から身を引き、のんびり余生を送る」というタイミングかもしれません。実際に私も、これまで経営に人生を捧げてきて、趣味やレジャーなど遊びらしい遊びは何もしてきませんでしたし、「あとは後進に道を譲って、ゆっくり旅行でもしようか」と考えたこともあります。

しかし一方で、それを許そうとしない自分がいます。

起業に対する執念の炎は、いまだ己のうちで燃え続けているのを感じます。

まだ完全燃焼していない、もっともっとやれることがあるはずだ――。

そんな内なる声が、立ち止まるのを拒むのです。


私にとって、起業への挑戦はもはや生きがいであり、人生からその要素が失われると、過ごす時間が途端に色あせるように思えます。

人間は、気持ちさえ前向きなら、いくつになっても挑戦できます。

挑戦の先に、成功があるとは限りません。

むしろ失敗のほうが多いかもしれません。

ただ、挑戦の先には必ず成長が約束されています。

挑戦を続ける限り、私もまだまだ成長できるはずです。

確かに、現状の安定や幸せを手放し、新たな道へと踏み込んでいくには勇気がいります。

しかしその一歩踏み出す勇気こそが、人生の可能性を切り拓きます。

実は、私も新たな一歩を踏み出すことにしました。

私は自らが生み育ててきたエステティックサロン事業の会社を離れ、2024年3月、「フォーサイド」という上場会社の代表取締役となりました。

フォーサイドは、主にクレーンゲーム用景品の制作・販売を行い、ファッション誌や電子書籍配信サイトなどエンターテインメント系の事業を主軸としています。そのほかに家賃保証業務が中心の不動産関連事業も傘下に収める、持株会社です。

ただし美容関連の事業は一切行っておらず、私のキャリアからするとまったく新たな業界に飛び込むことになります。

そもそもなぜ、美容業界とはゆかりのない会社のトップに就任することになったのかというと、とある知人を通じて「フォーサイドという会社に興味はないか」と、買収の話が来たのが始まりでした。

実はそうした依頼自体はよくあることで、普段なら丁重にお断りするのですが、相手が上場会社であるという点に、俄然興味が湧きました。

経営の道を歩むなら、誰もが一度は夢見るであろうことが、上場です。

最上位の市場への上場によって円滑な資金調達が可能となったり、社会的な信用度が上がったりとメリットはいくつかありますが、当然ながらその分上場審査基準は厳しく、一筋縄ではいきません。それをクリアするということは、いわば会社を立派に育て上げたという世間からのお墨付きのようなもので、だからこそ多くの経営者の夢や目標となっているのです。

私自身も、機会さえあれば上場を目指したかったのですが、自らが育ててきたエステティックサロンや美容機器販売といった事業は、至極まっとうな内容であるにもかかわらず、なかなか上場審査をクリアできないというのが現実です。実際に、例えばエステティックサロンの事業者では、売上３００億円規模でも上場しているところはありません。

ですから私としても上場には憧れを抱きつつ、諦めていました。

それでも上場を夢見る自分が、ずっと心にいたのでしょう。

上場企業の買収――その話を聞いたときに胸が躍ったのは、過去の自分が一度は手放した夢が、思いがけず目の前に現れたからにほかなりません。

上場企業の経営をやってみたい、今の自分がどこまで通用するか挑戦してみたい、そんな思いがあふれ出し、止めることができなくなりました。

そうして実際にフォーサイドという会社について自分なりに評価をしたところ、現在の業績こそいまひとつですが、まだまだ伸びる可能性があると感じました。

どんな人間にも寿命があり、いつか身体は衰えます。

私に残された時間はどれほどか分かりません。

だからこそ、体力も知力も健在である今のうちに、この新たな挑戦をすべきであると私は考えました。きっとこれが、人生最後の仕事になるでしょう。

そうしてフォーサイドの代表取締役というポジションにつき、私が目指すのは時価総額1000億円の企業に成長させることです。現在、そのためのプランを着々と組み上げつつ、できるところから改革を始めています。

当然ながら、簡単ではありません。

しかし困難や苦難を乗り越えなければ、人も会社も成長してはいかないものです。

難が無い、すなわち「無難」な道を行こうとすれば、1000億円など夢のまた夢で、大して何もできずに終わるでしょう。むしろ、困難や苦難に進んで飛び込んでいくことで道は拓けます。「難が有る」からこそ成長の機会が得られ、それが結局は「有り難い」ものになるのです。

南アフリカ共和国史上初の黒人大統領となったネルソン・マンデラは、次のような言葉を残しています。

「勝者とは、決して夢を諦めない人のことである」

私もまた新たな夢に向かって、執念を燃やし続け、挑戦を続けていきます。

起業も、人生も、諦めさえしなければ、可能性は無限大です。

どうか一度や二度の失敗でくじけることなく、執念を持って、自らが信じる道を歩き続けてほしいと思います。

大島正人（おおしま・まさと）

1957年、広島県大竹市生まれ。フレンチシェフ、大手下着メーカーを経て化粧品や美容商品の企画・製造・販売から OEM 製品、サロン経営まで幅広く展開。直営サロンの経営から美容業界のノウハウを習得し、わずか数年で規模を拡大させる。62歳のときに店舗数90、年商160億円を達成する。事業に垣根を設けずに展開するビジネスセンスは、異業種からも注目されている。2015年より株式会社エストラボの会長に就任。2023年8月より、株式会社フォーサイドの主要株主となり、同年11月、取締役に就任。自ら生み育てたエステティックサロン事業を後進に譲り、2024年3月以降フォーサイドの代表取締役社長を務める。

本書についての
ご意見・ご感想はコチラ

起業を成功に導く
執念の思考

2024年6月26日　第1刷発行

著　者　　大島正人
発行人　　久保田貴幸

発行元　　株式会社 幻冬舎メディアコンサルティング
〒151-0051　東京都渋谷区千駄ヶ谷4-9-7
電話　03-5411-6440（編集）

発売元　　株式会社 幻冬舎
〒151-0051　東京都渋谷区千駄ヶ谷4-9-7
電話　03-5411-6222（営業）

印刷・製本　中央精版印刷株式会社
装　丁　　新井国悦

検印廃止

ISBN 978-4-344-94803-7 C2034
幻冬舎メディアコンサルティングＨＰ
https://www.gentosha-mc.com/